Gaia Lys Longoni

I0448111

LA BROCHE
EN FORME
DE LUNETTES

À Mom et
Papio
les étoiles de
mon
adolescence,
les rayons de soleil de ma vie,
les raisons de mon amour sans fin pour la famille,
deux oreillers géants,
où je peux toujours poser ma tête,
qui ne sera jamais trop lourde pour eux.
Le miroir,
où c'est toujours avec plaisir que je me regarde,

tout en restant moi-même.

À Nutella,
pour tous les
museaux
collés à ma
jambe
lorsque
j'écris
et pour
avoir dormi
sur ces
pages.

Je m'assois souvent à tes côtés,
pendant que tu regardes le monde par la fenêtre, d'un regard si attentif,
comme le

*ferait un
enfant, au
passage de
son super-
héros
préféré ;
mais moi, je
ne vois rien
d'extraordin
aire. Juste
des arbres,
des maisons,
le ciel. Et je
ne
comprends
pas que toi,
tu ne dirais
jamais
« juste » des
arbres, des
maisons, le
ciel, car
pour toi, ce
« juste »
désigne tout
simplement
le monde à
observer ;
de cette
façon, il
devient
extraordinai
re pour moi*

5

aussi.
Et toi, tu veux seulement que je sois là, pour l'observer à tes côtés.

À ceux qui ont le courage de changer, quand l'image qu'ils ont d'eux-mêmes ne correspond pas à celle qu'ils voient se refléter dans le miroir.

1. VOYEUSE DE STYLE

Je dois sortir et il est tard, comme d'habitude, mais je dois d'abord surmonter mes minutes devant le miroir, qui ne fait rien d'autre que me renvoyer à la réalité. J'ignore quelle partie de moi je n'arrive pas à accepter, car c'est un élément variable. Je sais que mon miroir a pris une expression mélancolique en me voyant me plaindre à chaque fois de l'une d'entre elles, jour après jour. Il doit sans doute s'imaginer être une caméra vidéo face à un plateau de cinéma avec une seule actrice principale, qui passe beaucoup de temps à dialoguer avec son image, laquelle ne reflète pas forcément sa vraie nature.

Heureusement, le tour des chaussures arrive toujours : elles ne me déçoivent jamais. Je les adore : elles chaussent mes pieds et les pieds sont la partie de mon corps qui me conduit partout, qui me fait rester chez moi, me fait bouger, me fait sortir. Je suis donc contente d'avoir trouvé le moyen de les chausser, même si l'expérience de marcher pieds nus sur le sable ou sur la pelouse est vraiment unique.

Tout aussi unique est l'expérience de remonter une côte à pied ; je baisse inconsciemment la tête, dans un mouvement continu qui me permet de sentir mon corps vivant. Je vois ainsi mes pieds et je décide de ne pas relever la tête. C'est le goudron qui vient désormais à leur rencontre. Soudain, je ne pense plus au temps qui reste pour arriver, je ne pense plus au nombre de pas nécessaires pour atteindre mon but. Ensuite, je ne pense même plus à l'endroit où je me rends, à l'endroit vers lequel mes pieds me guideront, mais à la seule action de marcher. Il ne s'agit que de pas ininterrompus, insouciants de ce qui se passera dans trois, deux, une seconde. Et alors, je comprends. Mes pieds ont eu la force de me faire comprendre la différence entre le passé, le présent et le futur. Si je ne regarde que mes pieds marcher, sans me soucier du reste, tout mon corps et toute mon attention se réjouiront du glorieux moment présent, pendant lequel, vivante, je marche à l'écoute de la moindre émotion qui traverse mon cœur et mon âme. Et autour de moi, le monde vivra. Cependant, dans ce monde, nous avons aussi une image, et la mienne reste encore un mystère pour moi, tout comme une grande partie de ma vie. Et je me retrouve ici, dans mon appartement milanais, devant un miroir, fatigué de me voir me demander ce que je fais habillée de la sorte.

Le temps presse, les cours à l'université n'attendent pas, que j'accepte ou pas mon image, et la vie non plus n'attend pas ; je décide qu'il est l'heure d'aller prendre le métro, l'un de mes endroits préférés, où je peux observer, plus ou moins tranquille, tous les styles qui montent et descendent, et qui sait, trouver des idées pour un style futur et, par la suite, n'utiliser le miroir que pour vérifier que je n'ai pas de nourriture coincée entre les dents, que mes cheveux ne sont pas décoiffés, et que mes vêtements sont « en ordre. » Évidemment, pour me transformer en une voyeuse de style, je me sers des « miroirs » des trains, à savoir des fenêtres qui, grâce à l'obscurité, reflètent ce qui se passe à l'intérieur du wagon, que l'on peut commodément observer en faisant semblant de regarder " dehors ". Ce miroir est le seul que je puisse regarder sans me regarder.

Ensuite, je m'interromps en me demandant si tout cela a vraiment de l'importance et si c'est vraiment moi qui veux trouver un style à tout prix, ou s'il s'agit plutôt de l'énième signal qui m'indique que quelque chose cloche. Mais pour l'instant, c'est plus amusant ainsi : c'est mon passe-temps préféré et je n'y vois rien de mal.

Je suis enfin en route pour le métro. Je décide d'acheter une revue, au cas où mon amie Alessandra ne prendrait pas le même train que moi. Je vois en couverture un très beau mannequin : blonde, grande, vraiment intéressante, disons différente des canons habituels de la mode ; elle a un regard particulier, le regard d'une personne qui veut en dire plus sur elle que ce qu'elle montre à l'appareil photo. Le magazine dans mon sac, je descends dans la « ville souterraine », pour épier les personnes, à la recherche de nouveaux looks, mais en réalité, une fois de plus, à la recherche de moi-même.

En attendant le train, mon regard se tourne vers les escaliers, pour vérifier si Ale fera le voyage avec moi ce matin. À un moment donné, les gens se déplacent pour laisser passer un non voyant avec son chien guide. Une scène assez courante, mais de celles qui jettent les discours sur les styles métropolitains aux oubliettes, bien que ces derniers puissent avoir une raison plus que valable.

Une fois, j'ai souhaité devenir aveugle pour avoir un chien. À présent, j'ai honte qu'une telle idée m'ait ne serait-ce qu'effleuré l'esprit, mais à dix ans, il était difficile de saisir la gravité d'une telle pensée et bien plus spécial de trouver un moyen quelconque pour que l'un de mes plus grands rêves devienne réalité. C'est incroyable de voir ce que l'âme d'une petite fille est disposée à faire pour voir se réaliser le désir qui accompagne ses journées mélancoliques. Dans ce rêve, j'étais un petit garçon, et non pas une petite fille, je ne saurais en expliquer la raison. Je suis attachée à l'image de ce petit garçon qui se promenait dans la cour de l'école, entre les cerisiers en fleurs, complètement indifférent aux poupées avec lesquelles jouaient ses copines et repoussé des matches de foot par ses copains, car justement, c'était une fille. Avec ce conflit non réglé, je vais maintenant de l'avant et je réfléchis, face à mon image, en faisant de tout pour l'accepter, en me sentant mal à chaque fois que je sors de chez moi et qu'un garçon en voiture me siffle. J'aimerais leur crier : " Stop, je suis comme vous, même si vous n'y croyez pas ! Même si je n'en ai pas l'air ". Mais au lieu de ça, je continue à marcher, en essayant de penser à autre chose.

Je ne me suis jamais réveillée dans le corps d'un homme, mais je n'ai jamais eu non plus l'ami fidèle dont j'ai tant rêvé. Je crois qu'il se serait éperdument moqué de mon image et du miroir ; il m'aurait de toute façon léché le visage le matin.

Voilà, le train arrive et Ale aussi, en courant. " Et si je lui en parlais ? Si je confiais toutes ces pensées en ébullition à quelqu'un ? ", me dis-je en moi-même ; "

Non, quelle bêtise, Ale me connaît bien, mais je ne pourrais sans doute pas lui dire que… "

« Salut Agathe! », résonne la voix d'Ale sur le quai, ce qui a bien sûr pour résultat de faire se retourner tout le monde. Elle sait pourtant que j'ai horreur de me faire remarquer.

« Salut Ale », je réponds, sans laisser transparaître mon embarras.

La voilà, mon amie, en quelque sorte mon opposé, car elle sait toujours comment se présenter. Lorsque l'on est conscient de son propre corps, il devient également facile de comprendre comment l'habiller.

Malgré ce détail discordant entre nous, que je considère toujours comme important, étant donné que je n'ai pas conscience, du moins de façon constante, de mon corps, nous avons commencé à nous parler au lycée. En amour, comme en amitié, on se choisit, et nous nous sommes choisies parmi un grand nombre de personnes. Si différentes et si semblables que nous pouvons nous conseiller, dans l'un ou l'autre des cas.

« Nouvelles chaussures ? », je demande, en remarquant les hauts talons des chaussures qu'elle porte, qui sont, comme d'habitude, très bien soignées.

« Non, en fait, je dois les jeter. Dommage que l'on n'ait pas la même pointure », me répond-elle.

Comme d'habitude, je suis stupéfaite : de superbes chaussures qu'elle jette ou qu'elle offre. Et surtout, elle essaie toujours de me rendre plus féminine, et moi, je suis heureuse de ne pas avoir la même pointure qu'elle, autrement je me sentirais presque obligée de les porter, même si j'apprécie sa gentillesse.

« Eh oui », je me limite à répondre.

« On va prendre le petit déjeuner ? » Elle change tout de suite de discours, en faisant semblant de ne pas s'intéresser au discours sur le look.

« Oui, j'en ai vraiment besoin », je réponds. Ale ne saisit pas la subtilité de ma réponse et continue à regarder les gens. Je l'imite puisque c'est l'un de mes passe-temps préférés et à ce moment-là, je vois monter une fille portant un jean slim, des sandales basses et un débardeur aux bretelles qui se croisent dans le dos ; cheveux courts, elle donne l'impression d'être sûre d'elle. Ou c'est peut-être moi qui ai grandi en pensant que « si une personne est mince, elle est bien dans sa peau, et donc, sûre d'elle. » Je n'arrive pas à me souvenir du lieu, ni de la date où est né ce préjugé. Parfois, ce qui nous marque le plus, nous le rangeons dans le coin le plus obscur de notre esprit, certainement pas dans le compartiment de notre mémoire. Pour en revenir à cette fille, je m'aperçois au bout de quelques minutes que j'ai passé trois stations de métro à l'observer. Impossible de faire plus simple que ce look, qui d'ailleurs me plaît, mais évidemment, je n'arrive pas à m'imaginer dedans. Trop masculin, trop simple, trop sportif : ce sont les trois adjectifs-préjugés qui résonnent quotidiennement dans ma tête. Et moi, je suis trop grosse.

Je détache mon regard de la fille pour tourner les yeux vers Ale en m'exclamant, sans même m'en apercevoir : « je dois te parler », avec une voix remplie d'émotion, la voix de quelqu'un qui ne réussit plus à retenir un sentiment, une sensation, qu'il ne réussit même pas à trouver au fond de lui. Peut-être est-ce justement la raison pour laquelle cela explose en mots.

« Tu m'inquiètes », me répond-elle immédiatement.

« Pourquoi tu devrais t'inquiéter ? »

« À cause de la façon dont tu l'as dit. »

Génial, démasquée. Et maintenant, qu'est-ce que je lui raconte ? Je gagne du temps en lui disant que nous en parlerons plus tard dans un endroit plus discret. Je soupire de soulagement. Mais je dois maintenant trouver comment raconter quelque chose que je n'ai même pas commencé vaguement à raconter à moi-même.

Nous restons silencieuses jusqu'au bar : elle ensommeillée, moi inquiète. Ce n'est que lorsque nous nous asseyons qu'Ale me lance :

« Alors, dis-moi ! »

Elle n'a pas oublié. Je suis bien forcée de lui dire quelque chose.

« Il ne t'est jamais arrivé de penser à la raison pour laquelle une femme doit forcément sortir avec un homme ? », c'est la meilleure phrase que je réussisse à dire. Honnêtement, je ne l'avais vraiment pas calculée et je n'y avais même jamais réfléchi.

« Tu me poses ce genre de questions à cette heure-ci ? Qu'est-ce que tu veux dire? »

« Non, rien d'important. Ça doit être une de ces questions que je me pose au petit matin. »

« Je ne sais pas quoi te répondre. C'est comme ça, la société est comme ça. Parce que c'est comme ça qu'on fait des enfants. Mais pour être franche, ça me va très bien, j'aime les hommes. Pourquoi, pas toi ? »

« Si, bien sûr », je me hâte de dire, « je passe mon temps à les observer. » Et c'est vrai. Au final, quand je fais mes recherches métropolitaines de style, je m'arrête beaucoup sur les hommes en pensant que, pour eux, ça doit être facile de s'habiller. Même pour un homme créatif, ça ne devrait pas poser trop de problèmes !

« J'ai encore grossi, je n'arrive vraiment pas à maigrir en ce moment », change de sujet Ale, en regardant son croissant d'un air soucieux, dont elle décide de laisser la moitié. De toute façon, je suis là pour le finir. Bien sûr, après avoir commencé à parler de poids, l'envie me passe aussi de continuer à le manger, mais j'ai faim, je ne sais pas quoi mettre, je n'arrive pas à dire ce que je pense et surtout, à penser ce que je dis ! Alors, ce sera un croissant et demi pour moi, contre un demi-croissant pour Ale. Et nous continuons à discuter de kilos, de chaussures et de choses de filles, jusqu'à ce que l'heure des cours arrive. Ale suit des cours de langues, tandis que moi, qui devais m'inscrire à la même faculté qu'elle, j'ai changé d'avis au dernier moment, pour tenter de suivre un rêve né en moi il y a quelques années de cela.

2. ILS DISAIENT...

Ils disaient que je n'irais jamais à l'université. Que je n'en serais pas capable, que je ferais mieux de chercher du travail tout de suite et que cela serait la meilleure des solutions. « Ils », c'était mes professeurs du lycée, ceux qui devraient vous soutenir et se demander pourquoi vous ne savez pas quelque chose ; au lieu de ça, ce sont souvent ceux qui vous rangent dans la catégorie des adolescents paresseux et irrécupérables.

Et me voilà ici, j'adore être au milieu de ces bancs universitaires, j'adore la fac et l'idée que je deviendrai psychologue. Si mes professeurs avaient tort, bien sûr. Si un jour, le miroir cesse de refléter le manque de confiance en moi et que peut-être, à sa place, il voie une personne en tailleur, prête à aller soutenir son mémoire de licence[1], devant les personnes qui y ont cru avec elle. Qui sait si je mettrai un tailleur jupe ou pantalon... l'éternelle question...

Pourtant, j'ai connu la confiance en moi, petite. Une fois, j'ai gagné une récompense à l'école, pour la meilleure rédaction de la classe, et les autres enfants, ceux qui n'avaient rien gagné, se sont mis à pleurer. Mon bonheur, qui était au plus haut, avait fait souffrir d'autres enfants et quand on est heureux, très heureux, à six ans et que d'autres enfants pleurent à cause de ce bonheur, si on est un peu sensible, on ressent de

---

[1]

En Italie, on prévoit la soutenance d'un mémoire de licence à la fin des trois premières années de faculté

l'empathie et on pense que ce sera comme ça toute la vie. Je me souviens de ces médailles en papier, que j'avais gagnées en guise de récompense pour cette occasion ; je les ai longtemps conservées, elles sont peut-être encore quelque part, mais chaque fois que je les regardais, un sentiment de culpabilité troublait cette liberté de pouvoir rêver, que j'avais gagnée à six ans.

Aujourd'hui, après seulement quelques cours de psychologie cognitive, une matière que nous avons abordée en cette troisième année, nous ferons une simulation de questions applicables à une première séance type. Notre enseignante pense que plus tôt on passera à la pratique, mieux ce sera, car nous comprendrons mieux de quoi traite la discipline. Le professeur Colombo, c'est le nom de l'enseignante en question, est vraiment la meilleure. Assez jeune, mais avec beaucoup d'expérience, elle déborde de propositions et d'innovations. Rien n'est ennuyeux, quand c'est elle qui l'explique. Elle enseigne la psychologie cognitive et elle est déjà devenue mon modèle à suivre. D'un physique simple, très raffinée, je n'arrive pas à imaginer si elle passe du temps devant le miroir, si elle aussi, elle a dû faire la paix avec le sien ou pas ; mais une chose est sûre, elle ne semble pas avoir de problèmes pour bouger, parler, expliquer et nous faire tous participer. Qui plus est, elle réussit toujours à relever les cours avec une bonne dose d'ironie, une méthode infaillible quand on veut que son interlocuteur se souvienne de ce que l'on est en train de dire. Elle est aussi très belle, mince, grande. J'espère qu'à la fin de l'année, je pourrai lui prouver que je suis douée et j'espère surtout qu'elle m'acceptera en tant qu'étudiante de dernière année dans sa matière.

La simulation d'aujourd'hui aura lieu dans un autre bâtiment de l'université. Je croise Sofia, la copine de la fac avec laquelle je me suis le plus liée et nous décidons de nous y rendre ensemble.

« Allez courage, Agathe, on y va », me traîne Sofia dès qu'elle me voit l'attendre à l'entrée principale de l'université. Elle veut un autre café, par crainte de ne pas être assez réveillée pour l'expérience. Moi, au contraire, si je prends un autre café, je vais devenir folle d'angoisse. Je la connais peu en dehors de l'université, mais d'après ce que je peux voir, du moins entre ces murs, même si ça n'en a pas l'air, nous nous ressemblons beaucoup (mis à part les angoisses et le café), toutes deux enthousiastes de ce que nous avons choisi de poursuivre dans notre vie. « Tu n'es pas émue ? », me demande Sofia, pendant que nous nous précipitons à l'extérieur, en remarquant que je suis soudain devenue muette.

« Bien sûr que je le suis, notre prof est vraiment quelqu'un de moderne… ! », je réussis à répondre.

« C'est vrai, mais qui sait ce qu'ils nous feront faire ! »

Sofia est fraîche, on dirait une jeune lycéenne et, en même temps, elle est très mûre et me transmet toujours un sentiment de tranquillité. Tandis que moi, je me perds dans 36.000 questions, qui ont toutes pour fondement le manque de confiance en moi, Sofia arrive toujours à me les faire oublier et à me rappeler que si je suis ici, c'est parce que j'ai réussi un test d'admission et que de toute évidence, je le mérite et je veux être ici. Elle veut devenir psychologue depuis qu'elle est petite, parce que sa mère est psychologue et qu'elle lui a transmis tout l'enthousiasme de la profession. Moi, au contraire, je n'ai pas de psychologues dans ma famille, donc l'idée m'est venue il y a quelques années de cela, par une journée de pluie. C'était la troisième année du lycée, nous suivions l'heure de philosophie, quand à un certain moment, sans raison apparente, l'un de nos camarades qui était interrogé a commencé à hurler qu'on le laisse tranquille, qu'il n'aurait pas dû être là, qu'il se trouvait au mauvais endroit et a commencé à agresser tout le monde, y compris l'enseignante. Nous étions tous vraiment bouleversés ; ses parents, que l'on avait appelés, sont venus le chercher et nous ne l'avons plus revu. Quelque temps plus tard, nous avons découvert, par l'intermédiaire d'une de nos camarades, une amie de la famille, qu'il avait été interné en Psychiatrie et qu'après une série de traitements, il était retourné chez lui, mais que ses parents l'avaient inscrit dans un autre établissement entre-temps. Nous n'avons jamais vraiment compris ce qui lui était arrivé, mais cet événement a sûrement fait naître en moi une curiosité et un désir d'aider les autres qui m'ont fait décider à cet instant-là, quelle serait la faculté que je choisirais et je n'ai jamais changé d'avis. Jusqu'à la terminale. Au cours de cette année, en effet, les drames du miroir, du manque de confiance et des crises d'identité ont commencé de façon plus explicite et j'ai pensé qu'il valait mieux qu'une personne problématique comme moi ne s'inscrive pas en psychologie, puisqu'il était possible que la première à devoir être psychanalysée, c'était justement moi. Lorsque le moment des inscriptions est arrivé, Ale et moi, nous nous sommes rendues au guichet du secrétariat pour demander les formulaires d'inscription pour suivre les cours de Langues et Littératures étrangères.

« Vous voulez les formulaires de quelle faculté ? », nous a demandé le secrétaire, avec l'air las de celui qui a vu la queue derrière nous et qui imagine toutes les questions que pourraient lui poser ces futurs étudiants qui ne connaissent pas le moins du monde ce milieu.

« Langues et Littératures étrangères », répond Ale.

« Et vous, Mademoiselle ? » Il s'adresse à moi, qui me renferme dans un silence glacial.

Ale me fixe d'un regard entre l'incompréhension et la crainte que je dise que je n'ai pas besoin de formulaires. Elle connaissait mon appréhension au sujet de cette inscription. L'employé commence à montrer des signes d'impatience et me répète la question.

« Lang… psychologie. » Ma voix sort finalement de mon corps. J'ai vraiment cru que je n'y arriverais pas mais j'ai réussi, en causant une stupeur générale aussi bien chez ma famille que chez Ale, qui était peut-être plus déçue qu'étonnée. Mais au final, elle a été heureuse de me voir prononcer ce simple mot, car elle savait ce que ça signifiait pour moi.

Et maintenant, me voilà ici, à savourer les instants qui nous séparent de la première expérience pratique d'une séance chez le psy, qui est arrivée si vite que je n'ai même pas eu le temps de penser à cette grande émotion, ce qui rend le tout plus simple, même si c'est peut-être un peu moins chargé en enthousiasme.

Nous nous laissons entraîner par le flot d'étudiants qui

se dirigent vers l'autre bâtiment de l'université. Soudain, je ne sais plus si c'est le fait d'être aussi émue, ou d'être mise face à la réalité de ma future profession qui me rend craintive…

« Qu'est-ce qui t'arrive ? », me demande Sofia, « tu es devenue toute blanche ! »

Les pensées défilent toujours plus vite, jusqu'à voyager à une vitesse insoutenable… non, pas ici, pas pour ça, c'est le seul endroit où je me sens en sécurité, ce n'est pas possible. Le manque de confiance m'accompagne de nouveau et voilà que je ne sens plus rien, je n'arrive plus à penser à rien d'autre qu'à la peur de ne pas être à la hauteur, de m'évanouir et…

Je rouvre les yeux et je vois une lampe au néon au-dessus de ma tête et du blanc tout autour de moi. Les souvenirs brouillés, je comprends juste que celle qui a fini par atterrir sur un lit, c'est moi. Et qu'il s'agit d'un lit d'hôpital. C'est prometteur pour une future psychologue de s'évanouir pendant qu'elle se rend à sa première expérience de séance. Le but devrait être de soigner et de guérir, et non pas d'être soignée et peut-être guérie. Je tourne légèrement la tête pour voir si je réussis à saisir quelques détails supplémentaires et j'aperçois la dernière chose que j'aurais envie de voir. À côté de mon lit et tout le long du mur, un miroir très brillant, qui me renvoie au mieux mon image blanche et fatiguée. Je remarque immédiatement trois ou quatre défauts de mon corps allongé, je n'arrive vraiment pas à m'en empêcher. Les cheveux décoiffés, un visage cadavérique et… à un moment donné, je vois le reflet d'une fille élancée, aux cheveux noirs et courts, au sourire doux, se diriger vers moi. Il me faut quelques instants avant de réaliser qu'il s'agit de Sofia…

« Tu m'as fait une de ces peurs, comment ça va ? »,
me demande-t-elle immédiatement, presque en me
grondant. Pour la première fois, malgré un sourire sur
son visage, Sofia ne montre pas son enthousiasme
habituel.

« Bien, je crois, mais je ne sais pas ce qui s'est passé.
»

« Rien, tu t'es juste évanouie pendant qu'on allait à la
séance... »

Je suis pétrifiée. J'ignore si c'est à cause du fait que je
me suis évanouie, ou parce que, si Sofia est ici avec
moi, cela signifie qu'elle n'a pas assisté à la séance et
je ne sais pas si je dois me sentir plus gênée ou plus
heureuse pour ça. Je suis sur le point de briser la glace
lorsqu'elle s'exclame :

« Ne t'inquiète pas, il y en aura beaucoup d'autres de
séances, et je ne pouvais vraiment pas te laisser toute
seule. Mais dis-moi, tu as mal quelque part ? »,
conclut-elle.

« Je ne crois pas… »

En réalité, je ressens un élancement à la poitrine qui
me coupe presque le souffle, je suis peut-être tombée
en avant sur le ciment ? L'élancement devient
toujours plus fort, mais plus la douleur augmente,
plus mon corps tout entier se détend et la douleur
devient douce, elle monte de plus en plus vers la
gorge, jusqu'à ce qu'une larme coule le long de mon
visage. Le bonheur se cache là où nous n'irions jamais
le chercher, mais c'est lui qui finit par nous trouver,
lorsque nous le désirons ou lorsque nous avons besoin
de lui pour continuer à croire. L'amitié est rare et elle
est souvent troublée par les sentiments les plus

ignobles, telles la jalousie et l'envie, qui se glissent déjà chez les enfants de six ans et quand l'un d'entre eux " gagne " une médaille. Tout de même, exactement pour cela, pour ces expériences, quand l'amitié est vraie on le sait tout de suite.

« Merci », je réussis à dire, la voix brisée par une larme, une seule et unique larme, qu'elle a dû voir dans le miroir. J'évite de lui dire que c'est l'une des rares fois, peut-être même la seule fois, qu'une personne qui ne fait pas partie de ma famille fait ce genre de chose pour moi. « Merci vraiment. »

« Ce n'est rien, l'important, c'est que tu ailles bien. Le point positif dans tout ça, c'est que tu m'as permis de tester mon sang froid, dont on aura sans doute besoin. Mais il faut que j'y aille maintenant, j'ai appelé ta mère et elle est en chemin, donc, tu ne resteras pas longtemps toute seule. »

« Bien sûr, pas de problèmes. Encore merci et à bientôt. »

« Salut, Agathe. »

En entendant ses pas s'éloigner, je laisse couler une autre larme, en essayant à tout prix de l'essuyer rapidement, avant que le miroir ne me la montre. Restée seule, la douleur à la poitrine me reprend, car je me souviens de la raison pour laquelle j'ai atterri ici. Face à mon projet de vie qui se réalise enfin, je m'émeus au point de… finir à l'hôpital. Mais pourquoi à l'hôpital ? Était-ce nécessaire ? Et si j'avais un problème physique ? Si je mourais ? Et voilà, plus j'essaie de me calmer, plus j'empire la situation et je ne peux pas me lever, ni tourner la tête de l'autre côté, parce qu'il y a ce maudit miroir et...

« Comment tu vas ? » La voix de ma mère interrompt

solennellement ce tourbillon de pensées. Dans ce genre de situation, la solennité est pour elle synonyme d'incrédulité et de profonde inquiétude. On peut le percevoir au léger tremblement de sa voix, qu'elle cherche en vain à me cacher.

« Je ne sais pas, je me suis évanouie et me voilà ici », j'essaie de répondre le plus vite possible, car moi aussi, tout comme elle, je veux éviter de faire transparaître la moindre trace des larmes que je m'apprêtais à laisser couler.

« Mais tu as pleuré ? »

« Mais non, maman ! » Impossible de lui cacher quoi que ce soit.

Ma mère décide de laisser tomber, car elle est plus occupée à chercher un médecin pour comprendre ce qui m'est arrivé, même si, au fond, elle sait bien que lorsque je suis sujette à ces baisses de tension, elles ont toujours une cause psychologique. D'un côté c'est mieux, heureusement. Mais de l'autre, c'est épuisant.

De nouveau seule, j'essaie de m'endormir en me laissant bercer par la pensée de Sofia, qui est restée près de moi au cours de cette mauvaise expérience. Je sens que je suis sur le point de m'endormir, mais ma mère, s'adressant au médecin qu'elle a réussi à trouver entre-temps, interrompt de nouveau ma vague de pensées par un retentissant : « comment ??? », toujours parce que " j'adore " être remarquée.

3. JUSTIFIER LA DIVERSITÉ

« Si j'étais un vampire, je n'aurais pas de problèmes, parce que je ne pourrais pas me voir dans le miroir, même si je le voulais. Se laver, s'habiller, sortir, point. Je gagnerais même du temps et je n'arriverais plus en retard. Les vampires ont un grand nombre d'avantages. Ils ne doivent même pas manger... du moins, pas de nourriture... Ils ne grossissent pas, sont tous semblables et ne voient que les autres, mais jamais eux-mêmes. Et s'ils sont décoiffés ou qu'ils ont quelque chose de coincé entre les dents, comment font-ils ? Ils doivent toujours demander aux autres et compter sur eux. C'est une belle théorie sur la socialisation, ça... »

Voilà la première pensée qui me traverse l'esprit quand je me réveille le lendemain matin et que je me retrouve allongée sur le côté, juste en face de l'énorme miroir accroché au mur, qui me permet de me voir en entier. Je me retourne, je vois ma mère à demi endormie sur le fauteuil et je comprends que je me suis endormie juste après l'avoir à demi entendue parler-hurler avec le médecin.

« Maman… j'ai soif », je réussis à dire, la voix pleine de sommeil.

« Tu t'es réveillée, comment tu te sens ? », s'inquiète tout de suite ma mère, dès qu'elle me voit.

« Bien, je crois. Mais je ne comprends pas ce que je fais ici. »

« Ah, moi non plus ! Je sais juste que tu m'as fait très peur. C'est ta copine, Sofia, qui m'a appelée en me disant que tu étais ici, elle est restée longtemps auprès de toi, pratiquement jusqu'à mon arrivée. »

« C'est vrai. Mais alors, qu'est-ce qu'on t'a dit ? Qu'est-ce qu'on m'a fait ?»

« Tu t'es évanouie, ils t'ont fait passer tous les examens et les résultats sont normaux, mais tu ne peux toujours pas rentrer à la maison. »

« Mais pourquoi ? »

« Parce que tu as rendez-vous avec la psychiatre ce matin. »

« La psychiatre ? Mais je suis dans quel service ? »

« Dans le service de Psychiatrie. »

Nous nous fixons, ma mère et moi, d'un regard plein d'interrogation. Je suis encore étourdie par les calmants qui m'ont fait dormir jusqu'à présent.

Au bout de quelques minutes, ma mère reprend : « ma chérie, je ne sais pas pourquoi tu te trouves ici, mais tu t'es évanouie et tu n'as rien. Tu as subi un grand stress à ce moment-là ; Sofia m'a raconté que vous étiez en train de vous rendre à votre première séance pratique. Ils veulent juste voir comment tu vas, pour te renvoyer ensuite chez toi. »

« Mais je n'ai rien », dis-je tout de suite irritée. « Combien de gens s'évanouissent, ce n'est pas la fin du monde ! Je ne pense pas que toutes les personnes qui s'évanouissent doivent parler à une psychiatre. Et puis, pourquoi ils m'ont emmenée dans ce service, pour un évanouissement ? »

« Ils t'ont emmenée ici, parce que tu n'as rien de physique, mais vu que tu étais très agitée, ils ont dû t'administrer un grand nombre de médicaments et c'est pour ça qu'ils ont pensé qu'il s'agissait d'un trouble psychologique de nature non identifiée », m'explique ma mère, d'une voix tremblante, parce qu'elle sait que même la meilleure des réponses, donnée de la façon la plus correcte possible, ne me conviendra absolument pas, dans ces conditions.

« Ils ne comprennent rien, je ne devrais pas être ici », je conclus, en laissant couler des larmes, incapable de les retenir cette fois-ci, peut-être aussi « grâce » aux médicaments.

Deux heures plus tard, me voilà dans le cabinet blanc et stérile de la psychiatre, qui est sur le point d'arriver.

« Bonjour, je suis le docteur Mori. Vous êtes Agathe,

n'est-ce pas ? »

« Oui. »

« Vous êtes française ? »

« J'ai été adoptée. Mes parents sont italiens, ils m'ont accueillie quand j'avais trois ans et qu'ils se trouvaient, à ce moment-là, en France », je réponds de façon exhaustive mais concise, en cherchant à éviter les autres questions prévisibles que tout le monde me pose dès que je prononce le mot magique *adoptée* qui provoque toujours une curiosité sans fin, mêlée de compassion et de pitié, que je ne supporte évidemment pas. Encore moins quand on me vouvoie.

« Bien, vous avez quel âge ? », me demande le docteur, en poursuivant son interrogatoire.

« Vingt-et-un ans », je me limite à répondre, n'arrivant pas à croire que la question de l'adoption soit déjà bouclée. Elle ne m'a même pas demandé de quelle ville je venais.

« Où êtes-vous née ? »

Voilà, justement. « À Antibes. »

« Parfait, alors laissez-moi vous expliquer. Vous êtes ici pour une procédure bien précise. Vous étiez très agitée, quand vous avez repris connaissance, donc nous avons dû vous calmer et vous faire dormir. Nous ne pouvons pas vous autoriser à sortir avant d'avoir eu une petite discussion entre nous ; nous verrons ensuite ce qu'il faut faire. »

Une chose est sûre, ils ne mettent pas à l'aise. J'ai l'impression d'être au tribunal. " Et maintenant, qu'est-ce qu'elle va me demander ? ", je pense, toujours plus angoissée. Ce n'est pas la meilleure façon de calmer une personne qui s'agite facilement, mais je ne crois pas avoir beaucoup d'autres solutions. Je suis ici. "

Qui sait si Sofia a vu la scène… ". Je chasse tout de suite cette pensée et le sentiment de honte qui l'accompagne, aussi vite qu'elle est apparue.

« Parlez-moi un peu de vous, de votre activité principale, de vos intérêts, de votre situation sentimentale. »

« Je suis étudiante en psychologie, et je m'intéresse particulièrement au cerveau humain, aux enfants et aux animaux. J'ai beaucoup d'amis, je vis toujours dehors et j'adore les fêtes, rentrer tard. Bref, ce qui plaît à tous les jeunes de vingt-et-un ans, étudiants ou pas. Je vis toute seule, à Milan, pour devenir indépendante et être plus près de l'université. Durant le peu de temps qu'il me reste, je vais chez le coiffeur, l'esthéticienne et je fais du sport. J'aime beaucoup prendre soin de mon physique et l'améliorer toujours plus », je mens. Ce n'est pas compliqué, il suffit de penser au hasard à l'une de mes copines du lycée, à la vie des jeunes de vingt-et-un ans. Je ne suis certainement pas obligée de dire ce que je fais à une parfaite inconnue sous prétexte que je me suis évanouie, je pense pour me justifier. Et encore moins si je suis célibataire ou pas. Je n'ai pas non plus envie de lui expliquer que j'aime rester chez moi, lire, regarder un bon film, avoir peu d'amis, mais sur lesquels je peux compter, plutôt que beaucoup d'amis, uniquement pour sortir. J'ai toujours été critiquée pour ça, définie démodée ou d'une autre époque et je ne vois pas pourquoi ce docteur-je-sais-tout ne devrait pas en faire de même. Au final, je finis par y croire moi aussi et je préfère dire que j'aime aller en boîte et aux soirées.

« C'est bizarre », me réplique-t-elle sur-le-champ, «

nous avons parlé avec votre mère et elle ne nous a pas dit exactement les mêmes choses. »

« Parce qu'on ne vit pas ensemble, elle ne me voit pas tous les jours, comment pourrait-elle savoir ce que je fais ? », dis-je en interrompant le docteur, avant qu'elle ne puisse ajouter autre chose.

« Je vois que vous êtes un peu sur la défensive. » Elle ne semble ajouter que cette sentence, mais c'est seulement parce qu'elle est en train de remplir comme une forcenée tous ces documents qui parlent de moi. Vive le respect de la vie privée. Et ensuite, elle veut que je reste bien tranquille sur ma chaise à attendre la condamnation finale.

Je ne réponds pas. Je cherche désespérément dans ma tête d'autres justifications, en réfléchissant à ce que ma mère aurait bien pu dire de si différent. Au fond, je n'ai fait qu'ajouter un peu de couleur à ma vie, quel mal y a-t-il à cela ?

« En général, les personnes atteintes d'un trouble psychologique ont tendance à mentir, à se cacher et, d'après ce que nous a dit votre mère, il semblerait justement que ce soit votre cas. »

J'ai l'impression que ce docteur a une légère tendance à juger de façon hâtive. Cela dit, j'ignore cette provocation aussi, en ne sachant pas où me conduira cette attitude. Que le meilleur gagne !

Ayant remarqué mon silence, le docteur ne peut rien faire d'autre que de me demander, d'un ton fâché : « excusez-moi, mais pourquoi vous ne me demandez pas ce que m'a dit votre mère ? »

« J'ai déjà pratiquement répondu à cette question, en disant que quoi qu'elle ait dit de différent, c'est parce qu'elle ne sait pas comment je vis, elle ne me voit pas tous les jours et elle sait que je vais à l'université et puis, on ne parle pas de mon temps libre. Avant, quand j'étais sous leur toit, je ne sortais pas beaucoup, mais c'est parce que je vivais dans une ville de province et qu'il n'y avait pas grand-chose à faire. Désormais, à Milan, tout a changé », je réponds en continuant à croire que ma thèse est soutenable.

« Alors, vous devriez la tenir au courant de ces changements. Elle semblait s'inquiéter du fait que vous n'ayez pas d'amis et que vous ne prenez pas soin de votre physique en allant chez l'esthéticienne et que vous vous habillez de façon trop masculine - " J'ai donc un style ? " - ; il s'agissait de questions bien précises, que nous vous avons délibérément posées à toutes les deux. Alors, qui a menti ? Vous êtes sûre d'être accro aux soins pour le corps, aux soins capillaires et à la mode ? »

Je n'arrive vraiment pas à comprendre la nature de cette conversation, et encore moins sa nécessité.

« Et si je ne voulais pas dire à ma mère tout ce que je fais de mon temps libre, qu'est-ce que ça voudrait dire ? Que je dois être internée ? »

« Non, mais votre comportement n'aide pas. Au fond, nous cherchons seulement à comprendre si vous avez besoin d'aide ou pas, rien de plus. »

« Mettez " non " dans la case du formulaire que vous remplissez et qui est prévue à cet effet et en suggestion, notez qu'il faudrait d'abord parler à la patiente, étant donné qu'elle a vingt-et-un ans révolus ! Au revoir ! »

Assez, assez, mais comment j'ai fait pour atterrir ici ? Comment j'ai pu subir cet interrogatoire ? Je ne pouvais pas seulement avoir une tension faible ? Je sors et, une fois dans le couloir, j'entends le docteur se dire à elle-même : « et cette fille est une future psychologue ? Les tests d'admission devraient être plus sélectifs du point de vue humain ! » J'ignore cette provocation avec difficulté, je suis déjà assez étonnée des mots que la colère m'a fait dire : il n'y a qu'elle qui en soit capable. Que ce qui doit arriver, arrive. Je vais me réfugier dans mon lit, car je doute qu'ils me laissent partir de sitôt...

En attendant, j'ai raté la première séance légendaire organisée par le meilleur prof au monde. Génial. Une autre expérience reportée.

« J'ai trop mal à la tête... », dis-je en murmurant. La voix ne réussit pas à sortir.

« Tu t'es réveillée... » J'entends la voix de ma mère, presque soulagée. Je crois que nous souhaitons toutes les deux rentrer. Si cela n'arrive pas rapidement, je la ferai quand même rentrer à la maison et j'appellerai ensuite mon père pour qu'il vienne me chercher. Il est vraiment inutile de continuer ce séjour forcé.

En attendant, je vois que les deux lits de ma chambre ont été occupés par deux patientes ; une jeune fille mince qui doit avoir vingt-cinq ans et une grosse femme d'environ quarante-cinq ans. Je ne les avais pas remarquées avant. Je n'ai pas très envie de discuter et elles semblent, elles aussi, un peu perdues. Peut-être qu'elles dorment...

« Réveillée ? », je demande à ma mère ; je ne m'étais même pas rendu compte que je m'étais endormie. Je ne suis pas très présente, je ne comprends pas vraiment où je suis, je cherche l'armoire de ma chambre, contre le mur, mais je ne vois qu'un grand miroir et je comprends juste que je ne suis pas chez moi.

« Ils t'ont administré un autre tranquillisant, parce que tu étais très agitée et nerveuse après la séance avec la psychiatre. Elle t'a suivie en disant que tu avais menti sur ta vie. Tu as décrit une personne que tu voudrais sans doute être, mais que, de toute évidence, tu n'es pas. Tu as dit que je ne savais rien de toi et... » et ma mère éclate en sanglots. Manifestement, elle a été blessée par ma phrase.

« Maman, je l'ai dit uniquement parce que je voulais sortir d'ici, je ne voulais pas te blesser », j'essaie de la soulager.

« Non, mais je pleure parce que je ne sais pas ce qu'on fait ici ! »

« Ne m'en parle pas, je me suis évanouie, c'est tout. Je ne comprends pas ce qui me retient ici. »

« Ce ne sont que des contrôles, vu qu'il n'y a rien de physique, on veut être sûrs que tu vas bien », nous informe un médecin, qui, en entrant, a sans doute entendu ma dernière phrase, ou peut-être toutes ? J'ai pratiquement déclaré avoir menti devant ma mère et peut-être devant ce médecin, ce qui n'aide certainement pas. Je ne mens jamais, pourquoi j'ai fait ça ?

« Écoute, Agathe, on veut simplement t'aider. On ne s'évanouit pas comme ça, sans raison. On voudrait seulement que tu nous promettes d'aller à quelques séances chez une psychologue. Tu deviendras toi aussi une psychologue et tu sais bien qu'il ne faut rien sous-estimer. »

Super, tu parles du respect de la vie privée. Ce monsieur que je ne connais ni d'Adam, ni d'Ève, m'appelle par mon prénom comme si nous avions été présentés, et sait à quelle fac je vais. Ils peuvent vraiment parler aux parents, avant de le faire avec le principal intéressé ? Et tout ça après vous avoir endormi à l'aide d'un tranquillisant parce que vous avez osé dire ce que vous pensiez. J'ai l'impression d'être un otage.

« Docteur.... », je commence ma phrase.

« Alberti », se présente-t-il au bout de quelques secondes et de façon peu spontanée.

Sans répéter son nom, je finis ma phrase : « si je vous promets (étant donné qu'ils me traitent comme une enfant, autant leur faire croire qu'ils ont raison) que je me rendrai à ces séances, vous me laisserez partir aujourd'hui même ? Je dois retourner à l'université. »

« D'accord, on va te préparer les documents, parmi lesquels tu trouveras un carnet de dix pages. À la fin de chaque séance, tu feras signer la page en question à la psychologue qui te suivra, dont tu trouveras toutes les coordonnées sur la première page du carnet. Ensuite, tu ramèneras les documents ici. Autrement, on te garde ici jusqu'à nouvel ordre. »

« OK, et au sujet de ce que vous ne m'avez pas dit ? Je ne pense pas que vous fassiez ça avec tous les patients », j'essaie de me défendre.

« Au contraire, c'est la procédure habituelle. Mademoiselle, écoutez-moi bien. - " Pourquoi il me vouvoie maintenant ? " - Vous n'avez rien de physique, donc le problème ne peut être que d'ordre psychologique. Nous voulons seulement nous assurer que vous allez bien. De plus, nous avons vu votre réaction face à un simple contrôle psychiatrique. Vous étiez tellement nerveuse et agitée que nous avons dû vous administrer un tranquillisant. La séance chez la psychiatre est une simple pratique que nous adoptons dans ces cas-là. En cas de résultat positif, le patient peut sortir ; mais si nous observons des réactions inhabituelles, nous continuons avec le carnet de 10 pages », m'explique-t-il, d'un ton plus que patient, convaincu d'être le suprême détenteur de la vérité.

« On dirait un abonnement pour le bus », je me limite à répondre, en voyant, du coin de l'œil, ma mère qui secoue la tête. J'ajoute un « OK, je le promets », histoire de terminer ma phrase de façon très puérile, puisque, apparemment, c'est ce qu'ils veulent.

Combien de mensonges ai-je pu dire ? Je déteste les mensonges et je déteste mentir. Si j'avais répondu à quelques questions simples, je ne me serais sans doute pas retrouvée au milieu de ce désastre psychologique. Enfin libre, je lance un dernier coup d'œil à mes copines de chambre et je me rends compte que nous ne nous sommes même pas parlé. Je leur dis au revoir. Ma mère a rangé le carnet dans son sac. Je prends le mien et nous pouvons enfin rentrer chez nous.

4. LES OURS POLAIRES

La douche de la maison de famille n'a pas de prix ; bien que l'eau soit toujours bien accueillie par mon corps, la familiarité et la protection de cette douche sont uniques. Je m'accorde ce moment cathartique. Et aujourd'hui, plus que jamais, c'est le mot approprié. Ces draps blancs et stériles réussissent à transmettre une sensation de saleté, que je n'aurais pas ressentie même en me roulant dans la boue. Parce qu'en sachant où on se trouve, on voit tout de suite les draps blancs comme des porteurs sains de germes et de bactéries, provenant du lit d'à côté. D'accord, c'est vrai, j'étais en Psychiatrie, mais on ne sait jamais, les infirmiers vont et viennent ; si ça se trouve, ils vont fumer dehors, avec un patient qui n'arrive pas à se passer de sa « pause » cigarette. Ou pire encore. Si ça se trouve, ils viennent d'autres services à risque élevé et se rendent ensuite dans le vôtre. Et ces petits monstres s'attachent à vos draps, car ils ont décidé d'y élire domicile. Et puis, il y a les toilettes. Oui, elles sont propres, mais… de toute façon, elles n'en donnent pas l'impression. Un jour de plus dans cette chambre et je me serais enfuie. Je n'avais certainement pas besoin d'un lit d'hôpital, mince, je me suis juste évanouie. Peut-être que c'était dû au stress. Eh bien, tant mieux ! Cela signifie que je n'ai pas de grave problème physique.

Et voilà le moment de l'eau. Une minute avec la tête entièrement sous le jet, massage capillaire et élimination des pensées superflues qui ralentissent l'évolution ! Mais aujourd'hui, ça ne marche pas. Laissons tomber. Je me lave pour me préparer pour le dîner. Mon père a décidé de nous faire sortir, en disant que passer un peu de temps ensemble nous fera du bien. Il est gentil, mon père. Il recherche toujours l'harmonie et aime être en notre compagnie. Il écoute sans parler, ne répond pas tout de suite. Parfois, il peut aussi vous énerver, parce que vous avez l'impression qu'il ne vous écoute pas. Et puis, passé un certain bout de temps qui est nécessaire, au bon moment, il vous regarde et vous dit une seule phrase, ni plus ni moins, sans même l'expliquer. Et ce sont les mots les plus adaptés à la situation du moment. Donc, s'il nous invite à dîner dehors, il n'y a rien d'autre à faire que de prendre une douche et de sortir.

Une fois mon « immersion » sous le jet d'eau terminée, je sors et le même problème habituel se pose à moi : comment m'habiller. J'ai laissé des vêtements ici, chez mes parents, parce qu'on ne sait jamais, je ne peux pas être prise au dépourvu. Dans un sens, il y a aussi un côté amusant à ça, parce que je les utilise de façon tellement rare que j'oublie toujours quels habits j'ai laissés et à quel point ils sont vieux. Ale dirait qu'ils sont à jeter. Ale ? Pourquoi je n'ai plus eu de nouvelles d'elle ? Qu'est-ce qui a bien pu lui arriver cette fois-ci ? C'est bizarre. Quand quelque chose ne se déroule pas comme prévu, on dégage une énergie négative qui nous éloigne de tout le reste. Ne parlons plus d'Ale pour ce soir. Je vais essayer de me détendre un peu avec mes parents.

Nous nous asseyons dans la petite salle habituelle comprenant peu de tables dans le restaurant où nous allons dîner de temps à autre ; un restaurant pratique, car près de chez nous, agréable et familial. Deux ou trois gigantographies d'ours polaires sont accrochées aux murs. Mon père, photographe passionné et très doué, passe cinq bonnes minutes à les observer à chaque fois. Après quoi, nous pouvons passer au choix des plats. Pendant que nous attendons, deux femmes font leur entrée dans la petite salle. Elles ont environ quarante ans, sont grandes, brunes et semblent très proches l'une de l'autre. Elles se ressemblent physiquement, sont même habillées de façon identique : il pourrait s'agir de deux sœurs. L'une d'entre elle a les traits du visage plus marqués et semble aussi avoir un caractère plus affirmé. C'est elle qui choisit la place. Elle attend que l'autre accepte et elles s'assoient à la table juste à côté de la nôtre. Je suis ensorcelée. Ces deux femmes sont pour moi comme les photos des ours polaires pour mon père. À analyser dans les moindres détails. Le problème, c'est que je ne suis pas dans le métro, qu'il n'y a pas de miroirs (heureusement), et que je ne réussis pas à trouver un moyen pour tenter de les observer, sans être surprise ; ce serait trop gênant. Cependant, je n'arrive pas à m'empêcher de jeter un petit coup d'œil dans leur direction de temps à autre.

« Une fois, je me suis évanoui », s'exclame mon père, en brisant le discours silencieux de mes pensées et en détournant mon attention des deux femmes.

« Oui, je m'en souviens, j'étais petite et... », j'interviens immédiatement.

« Non, je parlais de quand j'avais à peu près ton âge. C'était le jour où je devais passer mon permis, il faisait très chaud et... », s'explique-t-il mieux.

« Papa, c'était sans doute de l'hypoglycémie », je l'interromps à mon tour. J'ai envie de continuer à observer les deux femmes. J'ignore pourquoi, mais je les trouve intéressantes ; je veux en savoir plus sur elles et je dois étudier leur look. Ça pourrait me servir, un jour.

« Sans doute. Pourquoi, c'était quoi pour toi ? », me demande-t-il.

« Touchée », je coupe court. Je ne veux pas remettre

l'histoire de la psychologue sur le tapis, même avec mon père.

« J'ai vraiment paniqué, c'était ma première grande épreuve, mon premier grand examen. Le permis, comme tu le sais, je l'ai passé après mes dix-huit ans et je n'avais aucune idée de la façon dont il fallait affronter un examen de ce genre. Je me suis réveillé le matin avec l'estomac noué, mais ta grand-mère m'a forcé à manger du pain et du lait. Inutile de te le dire, tout m'est resté sur l'estomac. En plus, j'avais passé une nuit blanche. L'examen s'approchait à grands pas. " Je ne peux pas jeter le petit-déjeuner. Tu sais bien qu'on ne jette pas la nourriture, alors mange ". Et il ne fallait pas la contredire. On arrive sur le lieu de l'examen, le moniteur me regarde et à peine a-t-il prononcé ces trois mots " Tu es prêt ? " que je sens mon corps m'abandonner et je ne peux rien faire pour l'empêcher de tomber. Bien sûr, l'examen a été annulé. Cela aurait été comme conduire en état de confusion. Je suis rentré à la maison, blanc, et quand j'ai dû dire à ma mère que je n'avais pas eu mon permis, je me suis évanoui une deuxième fois. Tu vois, Agathe, c'est normal. Quand on est sensibles et enthousiastes à propos de ce que l'on fait, il arrive de ne pas être en mesure d'affronter les épreuves qui sont les plus importantes à nos yeux. Ce n'est pas forcément un défaut. Selon moi, c'était dû à la tension et à de l'hypoglycémie, rien d'anormal. »

Mon père essaie toujours de tranquilliser tout le monde. Je vois ma mère soupirer, mais je ne saisis pas la raison de ce geste, presque involontaire.

« Mais tu dois quand même aller à ces séances obligatoires ? », reprend-il.

« Oui, autrement, ils vont m'hospitaliser de nouveau et ce n'est pas vraiment ce que je veux. »

« Écoute, fais ce qu'ils disent, tu n'as rien à craindre. Malheureusement, le fait que tu veuilles devenir psychologue a dû jouer. Ils le savent et veulent s'assurer que tu es apte à ce type d'activité, ou plutôt vocation… »

« Tu crois ? Alors, ça fait partie de la connaissance médicale ? Un truc entre collègues ? » Je pose des questions rhétoriques, parce qu'au fond, je pense qu'il pourrait avoir raison. C'est vrai que le docteur Alberti l'a même dit.

« Mais qui leur a dit que j'étais étudiante en psychologie ? », dis-je en regardant ma mère.

« Ton amie qui t'avait accompagnée leur avait déjà dit, et pour être honnête, je m'inquiétais un peu à ton sujet, pour penser à ces détails », se justifie-t-elle.

« Il se peut que tu aies raison, papa », je conclus.

« Et voilà. Lui, c'est un sage, alors que moi, je suis celle qui parle de trop, c'est ça ? », renchérit ma mère, en haussant légèrement le ton de sa voix, éveillant l'intérêt des deux femmes, qui ont attaqué leur dîner entre-temps.

« Mais non, maman, ce n'est pas ce que j'ai dit. Mais je n'y avais pas pensé, c'est tout. Peu importe ce que tu leur as dit, comment tu pouvais le savoir ? »

« Voilà », se fatigue-t-elle de répliquer. « Allez, nos plats sont arrivés. On mange, bon appétit.»

Cette histoire a dû beaucoup la toucher. Si même mon père a raconté un épisode de sa vie pour la tranquilliser, il faut croire qu'elle était vraiment anxieuse.

« Et alors, es-tu censée y aller ? », me demande mon

père, en commençant à manger.

« La première séance est demain matin », je réponds d'un ton neutre.

Je suis contente qu'il m'ait raconté cet épisode. Je me sens très proche de lui et il ne parle vraiment que s'il le juge nécessaire. On dit beaucoup de mots avec trop de facilité, mais pour ouvrir vraiment son cœur, on n'a jamais le temps. Et puis, on se retrouve seuls, avec un tas de mots prononcés et écoutés, qui ont disparu sans laisser de traces, ont fini dans le vide et il n'en reste même pas un seul. Et pourtant, si. Ils restent, tels des marteaux pneumatiques dans le cerveau, parce qu'on leur a donné nous-mêmes un sens, parce qu'il « faut » y croire et qu'on y a cru. Parce que, quand on les écoute sortir de la bouche des autres, on leur donne la signification qu'ils ont pour nous ou que l'on souhaite qu'ils aient. Mais ils étaient vides, ils étaient prononcés seulement parce qu'il le fallait, tout comme les milliers d'actions quotidiennes que l'on accomplit parce qu'elles doivent être accomplies, même lorsqu'elles pourraient être remplacées par d'autres actions plus personnelles, décisives et nobles. Comme lorsque l'on se lave le visage, parce que l'on doit sortir, parce que l'on doit se montrer propres quand on parle avec les autres. On ne sent même plus l'eau qui touche notre visage, pour nous réveiller, nous préparer au nouveau jour, sentir la fraîcheur sur notre peau qui nous fait comprendre que, jusqu'à présent, on a vécu dans le monde des rêves et que désormais, on est dans la réalité. Au lieu de cela, on nous a appris que l'on fait les choses parce que l'on y est obligé. Une fois, je n'ai pas pu me laver le visage pendant une semaine, à cause du pansement qui recouvrait une blessure sur ma joue, que je me suis faite en tombant de vélo. Au final, je ne rêvais plus que de sentir à nouveau l'eau fraîche sur ma peau. Je voulais qu'elle touche mes yeux pour les réveiller, pour revenir à la réalité et franchir cette frontière avec le rêve. Au bout de quelques jours, c'est redevenu un geste comme les autres et rien de plus. Tout dépend de la possibilité que l'on a de faire quelque chose. Souvent on ne comprend la vraie valeur d'une chose que lorsque l'on nous empêche de la faire. Et je n'aime pas ça.

Les deux femmes recommencent à parler, cette fois-ci en français. Malgré mon jeune âge au moment de l'adoption, la connaissance de ma langue maternelle ne m'a jamais abandonnée, même si avec mes parents actuels, nous avons toujours parlé en italien.

Je me souviens encore de ce moment, où je suis montée dans la voiture d'Olga et de Gabriele, mes parents, en ignorant l'endroit où ils m'emmèneraient. Romain et Julie m'avaient dit que je devais partir en vacances en Italie avec leurs amis de famille et qu'ils m'apprendraient à mieux parler italien ; je le connaissais un peu. Mes parents étaient commerçants. Ils devaient s'absenter pour le travail, donc Gabriele et Olga m'hébergeraient pendant quelque temps. Mes plaintes et mes larmes n'y ont rien fait. Je voulais juste rester avec mes parents, quitte à les suivre jusqu'à l'autre bout du monde. Après quelque temps avec Gabriele et Olga, j'avais l'impression que le temps ne passait plus. Ils étaient gentils et tendres avec moi, mais, bien que la perception qu'ont les enfants du temps ne ressemble pas du tout à celle qu'en ont les adultes, le temps me semblait vraiment trop long. Environ un an plus tard, par un matin de septembre, Olga m'a prise sur ses genoux et m'a expliqué, d'un ton calme et rassurant, que mes parents ne pouvaient plus s'occuper de moi, qu'ils avaient eu de gros problèmes, mais que je ne devais pas m'inquiéter, parce que je pouvais rester là avec eux tout le temps nécessaire. J'ai pleuré et pleuré et pleuré encore, et c'est la dernière fois que j'ai versé une larme. Ça ne m'est plus jamais arrivé et lorsque j'avais le cœur lourd, un nœud à la gorge, et que j'aurais voulu pleurer, je ravalais tout, car chaque larme qui aurait coulé m'aurait rappelé ce moment où on m'a dit que mes parents ne voulaient pas de moi, parce qu'au final, c'est de ça qu'il s'agit. D'un refus avec abandon. Je n'ai plus jamais entendu parler d'eux ; mais aujourd'hui, je sais que j'ai de la chance d'être en train de dîner au resto avec eux, mes vrais parents.

C'est pour cela que j'ai ressenti un grand étonnement, quand je me suis réveillée à l'hôpital et que j'ai vu Sofia, et que j'ai pleuré. Mais de joie, heureusement. Un miracle.

J'entends un nouvel échange entre les deux femmes et cette fois-ci, je réussis à en distinguer parfaitement les mots, en profitant d'un moment de silence de mes parents :

« On va leur dire ce week-end, on ne peut plus attendre… »

« Tu es sûre, ma chérie ? Ils ne vont pas être d'accord. »

« On est adultes, je crois, c'est juste pour… »

« Buuuuutttt !!! » exultent des jeunes assis à une table dans l'autre salle. Mon père se montre très intéressé par le sujet et dans le restaurant, on n'entend plus que les hurlements des hommes, provoqués par le but en question. Mais je remarque que les deux femmes n'ont pas cessé de parler, elles semblent insouciantes de ce qui se passe autour d'elles, comme si elles étaient protégées par une coupole de verre, qui leur permet de parler sans être dérangées. Le brouhaha du restaurant m'empêche de distinguer les phrases qu'elles s'échangent. En parlant, je vois qu'elles croisent toutes les deux leurs jambes et qu'elles s'effleurent les chevilles, puis les laissent comme ça. Elles doivent être très amies, ou peut-être qu'elles sont sœurs et qu'elles parlaient de leurs parents dans le discours que j'ai capté. Dans tous les cas, elles sont sûrement intimes étant donné que l'une d'entre elles a appelé l'autre " ma chérie "...

« Agathe, tu n'as rien mangé », me gronde ma mère, en me ramenant à la réalité du dîner.

« Je n'ai pas faim, je fais un peu de tachycardie… », je réponds. Et c'est vrai. Je me rends compte que mon cœur bat soudain la chamade, sans raison apparente.

« Ce doit être le stress accumulé ces derniers jours. Je pense que c'est normal, tu dois être un peu fatiguée. »

« Sans doute », je réponds. « Je n'arrive plus à manger. »

« Ce n'est pas grave. On comprend », essaie de me rassurer ma mère, ou peut-être essaie-t-elle juste de se rassurer elle-même.

Je me souviens maintenant de la sensation que j'ai ressentie quelques jours auparavant, pendant que nous nous rendions à la séance à l'université. Je sens une sorte de fourmillement à la poitrine et j'ai l'impression de tomber, de tomber sans vraiment tomber…

Je demande à mes parents de partir, en m'excusant. Ils

n'hésitent pas une seconde, car ils craignent le pire. Un dernier coup d'œil aux deux femmes assises à côté, qui continuent de parler en français, et nous sortons. À ce moment-là, j'ai peur moi aussi de m'évanouir, je ne peux plus écouter leur discours... dommage, ça devenait intéressant. Je réussis à éviter le pire et à me faufiler dans mon lit, et mon père décide de me prendre la tension ; le bruit de l'air pompé par le tensiomètre me rappelle le vent qui, incertain, ne sait pas s'il doit souffler ou pas et déplace les feuilles tombées en septembre, puis les arrête, les déplace de nouveau, presque comme s'il ne voulait pas trop les éloigner de l'arbre qui les a accueillies, vues pousser, dorlotées, aimées et laissées partir, loin. Le vent lui accorde quelques minutes pour leur dire au revoir, se préparer à l'hiver, puis les emporte pour toujours. Mais où vont les feuilles ? Celles qui ne finissent pas dans les aspirateurs ou les poubelles, comme si c'étaient des déchets... celles qui échappent à la main de l'homme qui veut nettoyer et ranger, où vont-elles ? Elles s'évanouissent dans la nature ? Peut-être serviront-elles de lit à un animal sauvage ? S'uniront-elles de nouveau à la terre sur une pelouse ?

« La tension est normale, mais tu nous a fait une autre frayeur. Comment ça va ? », me dit mon père en me détournant de mes pensées sur les feuilles, les arbres et la vie.

« Je sais, mais maintenant je vais bien. Il valait peut-être mieux rester à la maison, mais j'avais l'impression d'aller bien, avant », je réplique, hâtivement.

« Si ça continue, on devra faire des examens »,

intervient ma mère, qui me tient la main. J'arrive à lire l'angoisse dans ses yeux.

« Oui, mais pour l'instant, je n'ai pas envie d'y penser », je conclus. Quand je voyais des gens s'évanouir, j'avais une de ces peurs ! C'était aussi dû au fait que dans de tels cas, l'espace d'un instant, il y a peu de différence d'avec la vision de la mort sur le visage de la personne évanouie et la peur prend le dessus sur tout le reste. Je choisis de changer de sujet, en évitant d'ajouter de l'angoisse à l'angoisse.

« Alors, essaie de te reposer, ma chérie… », se limite-t-elle à dire.

« Maman, tu sais où vont les feuilles qui tombent en automne ? », je demande, comme si le fait de dormir dans ce lit qui m'a accompagnée depuis que je suis petite et que j'ai laissé il y a seulement quelques mois de cela, me donnait envie de redevenir une enfant l'espace d'un instant et de poser ce genre de questions. Ma mère se retourne, le regard à moitié perplexe et inquiet. Elle croit peut-être que je me suis cogné la tête trop fort. « Tu ne te rappelles pas l'histoire de la feuille Muriel ?[2] Je te l'ai lue, mais tu étais peut-être trop petite pour t'en souvenir. »

« Si, je m'en souviens, mais elle ne dit pas où vont les feuilles qui meurent… »

« Eh bien, tu devrais peut-être la relire alors… je pense qu'il le faudrait de temps en temps. » Elle me fait un clin d'œil et referme la porte, après que mon père, qui l'attendait sur le seuil de ma chambre, m'a envoyé un baiser. C'est génial. De temps en temps, ça fait du bien de redevenir des enfants et de se perdre dans les gestes de ses parents, sans penser que le

---

2   Leo Buscaglia, *La foglia Muriel* Mondadori, 1986

lendemain matin, il sera de nouveau temps de redevenir des adultes.

« Si tu as besoin de quoi que ce soit, appelle-nous. » Et ils me laissent seule.

Bien que je doive me reposer et ne pas me lever, je monte sur le bureau et repère le livre en question sur les étagères. J'essaie de ne pas faire d'autres dégâts pour ce soir, mais je meurs vraiment d'envie de savoir où vont les feuilles. Je brave les vertiges et m'empare de la lecture convoitée avant de retourner au lit. Je commence à lire, sans hésitation.

Dès les premières pages, je comprends qu'il ne s'agit pas du tout d'un livre pour enfants, ou plutôt, pas seulement. Certes, l'écriture est simple, même si recherchée, mais ce n'est pas exactement le cas du sujet. Muriel est une feuille qui vit sur la même branche que sa meilleure amie, Martha, laquelle lui explique sagement ce qu'est la vie et quels sont les buts que chacun d'entre nous a dans cette dernière. À un moment donné, je suis attirée par un passage que je lis et relis à plusieurs reprises, en oubliant même d'arriver à la fin du livre, pour voir où vont les feuilles.

Muriel était entourée de centaines de feuilles qui lui sont identiques, ou du moins, qui en avaient l'air. Mais elle ne tarda pas à découvrir qu'il n'existait pas deux feuilles identiques, même sur le même arbre.

Je m'étais vraiment toujours sentie différente, sans en comprendre la raison. Peut-être que j'avais justement compris que personne ne se ressemble quand j'étais petite, quand ma mère m'avait lu cette histoire pour la première fois. Et moi, je m'énervais, parce que je voulais être un garçon, je voulais être comme les autres garçons, et le fait d'être une fille me faisait peut-être sentir différente. Mais pourquoi ce sujet m'intéressait tant, là, maintenant que je venais de vivre deux évanouissements et demi en quelques jours, sans raison apparente d'ailleurs, et que la seule chose à laquelle j'aurais dû penser était de me reposer, et pas qu'un peu ?

5. LA FEUILLE MURIEL

Lundi, 7 heures, réveil. Je ne savais même plus qu'il était encore réglé à cette heure-là ; tant mieux. Je me suis endormie avec le livre en main, la lumière allumée, le cou tordu et les mille questions que je me suis posées sur les feuilles, le vent et la vie. Tout ça à cause d'un tensiomètre. C'est incroyable les associations que peut faire un cerveau. Au moins, j'aurai peut-être trouvé un sujet dont parler avec la psychologue.
Comme d'habitude, je n'ai aucune envie de me lever.

On est si bien ici, au lit. Mais peut-être pas tant que ça. Je déteste ne pas distinguer le rêve de la réalité, je déteste avoir le visage plein de sommeil et je ne supporte pas de faire tout en vitesse pour sortir de chez moi. Aller chez un psychologue ne devrait-il pas être un choix personnel ? Si j'étais vraiment si folle que ça, ils m'auraient peut-être gardée là, à l'hôpital... ah c'est vrai. Le pacte : ils ne me faisaient sortir que si je respectais ces rendez-vous.

Ce serait plus simple de temporiser, de faire semblant de rien et de continuer à rester ici, avec mes pensées qui se réveillent en même temps que moi, distraites et discordantes. Je n'ai jamais compris s'il s'agit des pensées les plus vraies ou les plus fausses ; mais il vaut peut-être mieux que je me montre au moins cohérente et équilibrée et que je respecte les rendez-vous fixés à l'avance. Finissons-en vite avec cette histoire et retournons à la vie normale que j'avais avant.

Qu'est-ce qu'on doit mettre pour aller chez un psychologue ? Peut-être que ça n'a pas vraiment d'importance. Je choisis un jean et mes Doc Martens, des vêtements qui pour moi conviennent pour toute occasion. Ainsi, quand je ne sais pas quoi me mettre, c'est l'idéal. Ce qui signifie que je suis presque toujours habillée comme ça et que c'est le style de mon non-style. Bizarrement, le miroir n'a rien à y redire. J'ai peut-être trop de pensées en tête pour penser aussi à ce qu'il veut me dire et, donc, me voilà sortie.

Se rendre à Milan d'ici, ce n'est jamais rapide. Par conséquent, bien qu'il n'y ait que peu de kilomètres, il faut partir avec beaucoup d'avance. J'ai le temps de penser au lieu vers lequel je me dirige. En Inde, on dit qu'il n'arrive que ce qui doit arriver ; comme ce serait beau de réussir à apprendre et à acquérir ce concept, sans ne plus avoir à se poser un tas de questions sur ce que l'on doit faire et ce que l'on doit dire. Il semblerait que le problème de l'homme soit son *ego* ; il semblerait qu'il soit son ennemi juré. Voilà qui pourrait être un élément de discussion pour ma séance... J'espère seulement ne pas rester une heure en silence, mais ce qui serait encore pire, ce serait de ne pas vouloir répondre à ses questions. Je déteste le silence dans les espaces partagés. J'aime le silence lorsqu'il n'y a rien à dire, mais je le déteste lorsque l'on est censé parler, parce que ça me met dans l'embarras. C'est comme ce fameux cliché qui veut que l'on soit obligés de parler dans un ascenseur, alors que l'on ne sait vraiment pas quoi dire. Mais l'ascenseur s'ouvre au bout de quelques instants, s'il ne se bloque pas. La séance, par contre, dure une heure et on ne peut pas y échapper. Sans tampon sur le carnet, adieu liberté. Il vaudrait mieux que je m'invente un petit discours sur l'ego, ou sur toute autre chose. Je voudrais juste éviter de me taire.

Il me reste trop d'arrêts de métro et je ne veux plus y penser. Je fouille dans mon sac et vois que la revue achetée il y a quelques jours est toujours là, personne ne l'a déplacée. Je la prends et décide de me détendre et de ne plus penser, du moins jusqu'à la sortie du métro. Je revois le mannequin en couverture et remarque une inscription qui accompagne la photo : « quand l'androgynie vous rend belle. » Pour mieux comprendre, je dois ouvrir le magazine et, intriguée, je passe directement à la page de l'article en question.

Je lis tout d'un seul trait et découvre que le mannequin est en fait un homme ! Et il semblerait qu'il y en ait beaucoup parmi les artistes tous confondus, d'après ce que dit l'article. Je suis tellement bouleversée par cette nouvelle, que pour un peu, je me trompe de station de métro. Différents, semblables, mais pourquoi à un certain moment de notre vie apprend-on tout cela ? Pourquoi dans les livres pour enfants et adolescents, tout est toujours pareil ? Toutes ces questions sur la différence. Mais qu'est-ce que c'est que la différence, au final ? Ce qui est différent, c'est ce que l'on ne lit pas dans les livres pour enfants ?

Je suis arrivée, je dois descendre et je suis plus anxieuse que jamais. Je me dirige vers la porte principale du cabinet de la psychologue, quand je me rends compte que je n'ai pas joué à mon jeu préféré : je n'ai pas la moindre idée de la façon dont étaient habillées les personnes croisées dans le métro aujourd'hui. Je ne comprends pas comment cela a pu arriver. J'éprouve un sentiment de gêne, c'est mon jeu préféré et aujourd'hui, je n'y ai pas joué ; j'éprouve le désir de m'enfuir, de retourner dans la ville souterraine et de refaire les arrêts. Je dois voir comment sont habillés les gens, autrement tout pourrait mal tourner ! C'est comme si je ne m'étais pas lavé le visage et que je pensais que tous ceux qui passent remarqueront le sommeil qui se lit dans mes yeux. Je résiste à cette grande tentation et j'appuie sur la sonnette du cabinet de la psychologue.

En prenant l'ascenseur, je me demande ce que je fais ici. Je devrais seulement assister à une séance à l'université, mais là, il semblerait que ce soit moi qui doive me soumettre à la séance ! On ne pouvait pas faire plus personnalisé que ça. Je n'arrive pas à croire avoir atterri ici.

Me voilà ici, je m'appelle Agathe, j'ai vingt-et-un ans, je suis une future psychologue qui, pour s'être évanouie, a été obligée de se soumettre à dix consultations psychologiques et le docteur qui me suivra n'est autre que l'une des deux femmes qui dînaient à côté de nous hier soir et qui, pour un peu, me voyait m'évanouir. J'espère qu'elle ne s'est pas rendu compte que je faisais de tout pour écouter la conversation qu'elle était en train d'avoir avec son interlocutrice. Ça m'apprendra à être aussi curieuse !

Nous sommes désormais l'une en face de l'autre et la psychologue, malgré mon anxiété, réussit à me relaxer. Elle s'appelle Francesca Martini.

« Alors, les présentations ont été faites. J'ai appris qu'ils t'ont envoyée me voir et que tu n'es pas venue de ton plein gré, c'est exact ? »

« Oui, c'est exact. » Je ne réussis à rien ajouter d'autre, ou plutôt, je ne saurais vraiment pas quoi ajouter et je joue le rôle, pas si joué que ça, de l'élève qui attend que son maître lui donne des instructions.

« Bien, pourrais-tu m'expliquer ce qui s'est passé ? », m'incite-t-elle.

« Il ne s'est rien passé, juste un peu d'émotion peut-être. J'étais à l'université et on se rendait à la première leçon pratique de psychologie, une séance de démonstration pour les étudiants de troisième année. Une de mes camarades m'a raconté que je me suis évanouie à ses côtés, alors elle m'a accompagnée à l'hôpital en ambulance. Mais moi, je ne me souviens de rien de tout ça, si ce n'est du trajet à pied vers le lieu où se tenait la séance. »

« Ah, une future collègue ! Ton amie t'a accompagnée à l'hôpital, en renonçant à la première leçon de démonstration ? », me demande-t-elle étonnée.

Elle semble tout aussi surprise que moi du geste de Sofia.

« C'est ça. C'est la première fois que quelqu'un fait ce genre de chose pour moi. »

« Et toi, tu as été capable de reconnaître ça comme un événement positif. Ça n'est pas donné à tout le monde. »

Pas mal pour une première conversation, je me sens soulagée. Je ne dis rien mais je dois sans doute sourire, satisfaite.

« D'accord, continue, que s'est-il passé ensuite ? »

« Ensuite, ils m'ont fait passer les contrôles de routine. Je me souviens d'une série interminable d'examens, de questions et de la confusion due aux médicaments, je pense. »

« Il est écrit ici que tu as menti lors de l'entretien avec la psychologue de l'hôpital. Pourquoi ? »

« Je voulais juste sortir de là et que tout redevienne comme avant. Mes résultats étaient dans la norme. J'ai simplement arrangé un peu la vérité ; souvent, si on n'est pas habillé à la mode et qu'on n'aime pas aller en boîte, on rentre dans certaines catégories d'insultes assez désagréables. Je voulais seulement leur faire croire que j'étais normale dans la normalité, qui n'est pas la mienne. »

« OK, définis " normalité ". »

Cette psychologue ne semble pas avoir peur que je lui mente. Elle doit être trop sûre d'elle et de ce qu'elle dit pour craindre un mensonge prononcé par une jeune de vingt-et-un ans désorientée. Elle me plaît.

« Normalité, pour quelqu'un qui habite là où j'habite, englobe les habits de marque, la boîte de nuit, le fait d'être populaire et d'apprécier l'alcool et les joints. »

« Et pourquoi est-ce que tu as cette idée de la normalité ? »

« Parce que tout le monde le fait et si on ne le fait pas, on se moque de vous et on vous oblige à rester chez vous. »

« Et qu'est-ce que tu aimes, toi ? »

« J'aime les vêtements confortables et, en général, ceux qui me plaisent, qu'ils soient de marque ou pas, les soirées au cinéma ou au pub avec mes amis. J'aime discuter avec eux. J'aime danser, mais pas aller en boîte. J'aime aller à l'université, étudier et aussi l'adrénaline des examens. J'aime les animaux, les enfants et la psychologie. J'aime quand on m'écoute et qu'on ne me juge pas. »

« Bien, j'ai l'impression que tu as été sincère. J'espère que l'on va pouvoir établir un rapport réciproque basé sur la sincérité et la confiance. C'est vrai, tu pourrais avoir envie de mentir, pour te rebeller au fait que l'on t'a obligée à venir ici. Mais sache que rien n'arrive par hasard. C'est ce qu'on dit en Inde et moi, j'y crois. »

Ça doit vraiment être la journée internationale de l'Inde, vu que j'y ai pensé moi aussi, en venant ici.

« Bien. Je peux retourner à l'université à partir de demain ? Je ne voudrais pas risquer de rater d'autres séances ou cours. »

« Je pense que c'est faisable », m'accorde le docteur Martini, « si tu te sens prête, pas de problème. Mais essaie de comprendre, si tu devais ressentir de nouveau cette sensation de vide et d'évanouissement, donne-toi le temps d'analyser quelle est la pensée qui précède immédiatement cette sensation, d'accord ? »

« Oui, d'accord. » Apparemment, elle ne se souvient pas du tout que j'étais à la table à côté de la sienne hier soir, ou bien elle me teste sur les omissions-mensonges ? Et voilà que reviennent mes innombrables questions sur comment me comporter et pourquoi. Je fais semblant de rien. Au fond, je ne suis pas obligée de parler vraiment de tout... Enfin, je crois...

« À propos, ça a été le seul épisode ? », me demande-t-elle, comme si elle lisait dans mes pensées.

Elle fait vraiment peur, impossible de lui cacher ne serait-ce qu'un regard, pire que ma mère. La tentation de lui mentir est grande. Je ne veux pas qu'elle me reconnaisse, mais je n'ai pas l'impression d'avoir beaucoup de choix. Je me risque.

« Hier soir en dînant, mais je ne me suis pas évanouie. C'était juste une sensation de faiblesse, mais je ne suis sortie de l'hôpital qu'hier. »

« Tu te souviens de ce que tu as ressenti à ce moment-là ? »

« Une forte émotion, mais elle n'était liée à rien de particulier. »

C'est vrai, je n'ai certainement pas cherché à comprendre ce qui s'était passé. Mais ça ne semble pas m'inquiéter non plus.

« Avec qui tu étais ? »

« Avec mes parents. »

Elle me regarde, mais ne me demande plus rien. Je pensais qu'elle me questionnerait sur les rapports que j'ai avec ma famille.

« Une dernière question - " et voilà " - avant de finir ce premier rendez-vous. Ferme les yeux et dis-moi la première chose qui te passe par la tête si je te demande ce qui te fait peur en ce moment. » - " Je préférais la question sur ma famille...".

Je m'exécute sans réfléchir : « perdre un bras. » Effectivement, en m'arrêtant un instant, étourdie par l'écho de mes mots, qui résonne entre ces murs, je me rends compte que c'est une peur que j'ai toujours eue sans en comprendre la raison. C'est aussi arrivé quand j'avais mal au genou. Le matin, au réveil, je craignais de perdre ma jambe d'un moment à l'autre. Je n'ai pas le temps d'approfondir mes pensées, puisque la psychologue, pas le moins choquée par mon exclamation, comme si elle était tout à fait normale, s'exclame d'un ton décidé :

« Parfait, alors rentre chez toi et pendant toute une journée, fais semblant de ne plus avoir un bras. »

« Mais non, comment je vais faire ? Je vis toute seule, moi », je réplique, inquiète.

« Tu dois te débrouiller, je ne peux rien te dire. Quand l'expérience sera finie, tu noteras les sensations que tu as ressenties pendant que tu jouais le rôle de la mutilée. Et ça doit toujours être le même bras. »

" Heureusement que je n'ai pas dit que j'avais peur des araignées...", je pense, inquiète que la psychologue puisse lire dans mes pensées, en me suggérant d'acheter deux araignées, à mettre sous verre. J'admets que ce serait mieux, mais angoissant !

« D'accord. Je le ferai. » À ce moment-là, je n'ai qu'une envie, celle de sortir. Ce rendez-vous a été un tourbillon de sensations : anxiété, stress, confiance et confusion. Je veux rentrer à la maison. Mais dans quelle maison aller vivre " quand on n'a qu'un seul bras " ? La mienne ou celle de mes parents ? J'accepte le défi ? J'aurais bien envie de revoir mon appart. La psychologue tamponne la feuille de l'entretien préliminaire et me congédie, en articulant bien chaque mot. Je ne lui ai pas dit d'où je venais, mais je crois qu'elle le sait. Ce doit être une autre technique de psy de ne pas poser tout de suite toutes les questions.

Je me dirige vers la porte et j'aperçois un grand tableau dans l'entrée, qui représente un arbre nu, avec une seule feuille encore attachée à l'une de ses branches, entièrement jaune. Je ne l'ai pas remarqué avant, bien qu'il soit grand. Restée seule, la main déjà sur la poignée, prête à ouvrir la porte, je remarque une légende sous la photographie : - " *Elle ne savait pas non plus que, sèche et désormais dépourvue de but en apparence, elle se serait imprégnée de cette eau et aurait contribué à renforcer l'arbre. Mais surtout, elle ne savait pas que tout près d'elle, cachés sous terre, il y avait déjà les projets pour fabriquer de nouvelles feuilles, au printemps.*" Leo Buscaglia, *La Foglia Muriel* - Voilà où vont les feuilles qui tombent et meurent, je pense, le sourire aux lèvres en sortant du cabinet. J'éprouve la sensation très rare d'être au bon endroit, au bon moment. Je sors et me dirige vers mon appartement milanais.

6. ARRIVER À NE PAS SE VOIR TOUT EN SE REGARDANT

" Aujourd'hui, je sors sans me regarder dans le miroir ; juste un coup d'œil dans la salle de bains, pour mettre de la crème, du crayon et du mascara et me coiffer, et puis je sors ", je pense, quelques minutes avant de me lever. Il est tôt ; je pourrais même perdre du temps devant le miroir, mais non, finies les prolongations devant lui. Je préfère arriver en avance à l'université et faire un tour à la librairie.

Je tourne la clé dans la serrure, pour ouvrir la porte. J'hésite, un pied déjà dehors. " Mais au fond, quel mal y a-t-il à jeter un petit coup d'œil ? Ça ne pose sûrement pas de problème." Je referme, je rentre et je décide que mon rendez-vous avec le miroir est inoffensif.

Voilà, dans l'ordre, mes pensées :

* je déteste ces hanches, mais elles sont peut-être un peu mieux qu'il y a quelques jours ;
* mais elles sont féminines, alors que certaines

n'en ont pas ; non, je préférerais vraiment qu'elles ne soient pas aussi prononcées ;

* heureusement que les chaussures vont toujours bien, j'aime les chaussures que je mets, je sais les choisir ;

* mais pourquoi mon ventre est si gonflé ?

* j'ai le visage un peu fatigué, mais ça peut aller ; mais ces bras, en revanche... bras ?!? Mais je ne dois plus avoir qu'un seul bras à partir d'aujourd'hui ! Ou plutôt, depuis hier !

Je revisualise rapidement tout ce que j'ai déjà fait depuis que je me suis levée et je réfléchis à combien de temps avant j'aurais dû me lever si seulement je m'étais souvenue qu'aujourd'hui, je n'avais qu'un seul bras à ma disposition ! Hier soir, j'avais décidé de choisir le gauche, par commodité, étant donné que je suis droitière. Super ! On me demande de faire un seul exercice pendant une semaine et je l'oublie... Je continue à regarder le miroir, dans lequel on peut même voir la porte-fenêtre qui donne sur la terrasse, située au fond de la pièce principale de la maison. Je suis en retard ; je le comprends parce qu'à partir d'une certaine heure, certains rayons du soleil réussissent à atteindre le coin opposé de la pièce, où le miroir est justement placé, et les contours de mon corps tout entier et de mes vêtements sont dessinés par la poussière que crée ce jeu de lumières. Je n'arrive plus à bouger, je pense à l'hypothétique partie manquante de mon corps et au cercle de lumière cassé par l'absence de cette dernière. Je n'ai jamais aimé le dessin que fait le soleil avec mes contours, mais je n'arrive pas à m'imaginer sans un bras. Je décide de le placer derrière mon corps, je me regarde pour voir quel effet ça fait, mais je n'y arrive pas. Je suis assaillie par une grande anxiété. Je sens qu'il se fait tard, je dois contrôler l'heure sur la montre que je porte au poignet … gauche… qui est derrière mon dos. Il faut que je m'arrache du miroir, cette histoire de bras augmente inexplicablement mon agitation, même s'il ne s'agit que d'une comédie. Une comédie tellement feinte qu'elle en semble vraie.

Je déplace la montre sur mon bras droit et c'est le dernier geste que je fais de la main gauche, jusqu'à mon arrivée à l'université. Effectivement, ça n'a pas été simple, mais pas non plus impossible. J'avais mon abonnement du métro dans la poche (la droite !) et je me suis juste contentée de ne pas utiliser ma main gauche. Mais la psychologue m'a demandé de ne jamais utiliser mon bras durant toute une journée. Le plus beau reste à venir. Grand retour à l'université, je crains les pires questions, surtout quand je donnerai l'impression d'être en partie paralysée ; si je l'explique, ils penseront que ma psychologue est plus folle que moi. Mais sinon, ils penseront que c'est moi la folle. Je crois qu'il va falloir inventer un autre mensonge, mais je me demande pourquoi c'est si difficile de dire la vérité. Pourquoi tout ce qui va au-delà d'un lieu commun doit être considéré comme fou ? Mais ce n'est certainement pas aujourd'hui que je répondrai à cette question que je me pose. Je n'ai qu'un seul bras et tout le monde en voit deux, et c'est plus que suffisant pour aujourd'hui.

« Hé, Agathe, tu as reçu mon message ? Comment ça va ? », me demande Sofia, pendant que j'essaie d'ouvrir la porte de la salle où se tient notre premier cours. Heureusement, elle me précède et m'ouvre la porte, tout en me parlant.

« Oui, mais je ne l'ai vu que ce matin. J'ai été très occupée à me remettre sur pied aussi vite que possible. »

« Je t'attendais hier, comment ça se fait que tu ne sois pas venue ? »

« Si je te le dis, tu le gardes pour toi ; j'ai pratiquement subi un interrogatoire à l'hôpital, on aurait dit qu'on me lisait l'âme. Les résultats étaient tous normaux, mais ils ne se sont pas contentés de la fameuse hypoglycémie. D'après eux, il y a quelque chose qui cloche au niveau psychologique et, sous prétexte que je serai une de leurs futures collègues, ils m'ont obligée à participer à dix séances chez une psy de Milan. Je n'arrivais pas à y croire quand ils me l'ont dit. »

« Mais tu ne t'es pas rebellée ? Ça me semble un peu exagéré. »

« Bien sûr que si, mais si je continuais à leur répondre comme je le faisais, ils m'en auraient donné au moins vingt, de séances. On aurait dit le tribunal correctionnel pour mineurs. J'ai dû céder, autrement je serais encore là à leur parler. Et donc, j'y suis allée hier. »

Entre-temps, nous nous asseyons et je me demande comment je vais faire pour ouvrir mon sac ; j'ignore si je peux faire confiance à Sofia ou si, peut-être sans le vouloir, elle se mettra à rire, insouciante du fait que je doive vraiment me plonger au cœur de ce drame, qu'ils ont décidé de me faire vivre. Je ne sais pas comment moi, je réagirais, à une telle confession de sa part… mais je devrai bien le dire à quelqu'un. Si le sujet vient sur le tapis. Avec quelques acrobaties, alors qu'elle est distraite par l'arrivée d'autres personnes dans la salle, je réussis à enlever ma veste, à ouvrir mon sac et à en sortir un cahier et un stylo. Je pense pouvoir résister de la sorte jusqu'à la fin du cours. Je vais essayer.

« Et comment ça s'est passé ? »

« Mieux que ce à quoi je m'attendais ; en tout cas je n'avais pas de grandes attentes. Mais ce n'est pas si mal que ça. On a juste fait l'entretien préliminaire, mais je devrai y retourner une fois par semaine. Pour aujourd'hui, elle m'a dit de faire une action un peu bizarre: il faut que… »

« Hé ! Salut Sofy ! », nous interrompt l'une de nos camarades de classe, Giulia, qui ne sait même pas comment je m'appelle. « Ah salut, désolée, je vous ai interrompues ? », continue-t-elle en remarquant mon humble présence.

« Non, ne t'inquiète pas », je coupe court, une habile experte en signes du destin. Si elle nous a interrompues, mieux vaut ne pas continuer cette explication pénible concernant mon bras.

« Comment ça va ? Tu t'es fait mal au bras quand tu es tombée ? Je vois que tu le gardes immobile », s'intéresse Giulia.

Je suis stupéfaite. Vu qu'elle est au courant pour la chute-évanouissement, elle doit désormais savoir aussi comment je m'appelle ; il est possible que tout le monde le sache. Plus on a envie de passer inaperçue, plus ça se passe comme ça et on réussit même à devenir célèbre.

« Oui, un peu. Aujourd'hui, il me fait plus mal que d'habitude. »

« Ah, désolée. J'espère quand même que tu vas bien.

Sofy, on déjeune ensemble après ? »

Parfait, un déjeuner en groupe. Et aujourd'hui, c'est même la journée la plus longue de toutes. Bienvenue à l'université, Agathe. Sofia ne refusera certainement pas, elle adore ces moments de partage.

« Oui, pourquoi pas ? On se voit après alors ! » Après quelques secondes, elle s'adresse à moi et me demande : « ça ne te dérange pas, n'est-ce pas ? »

« Non, bien sûr que non », je mens. Si je faisais une liste des mensonges que je suis en train de dire, je m'effraierais toute seule. Et je n'ai pas encore fait allusion à mon faux bras gauche.

« Bonjour à tous et bienvenue. » Voilà, cours avec le professeur Colombo.

« Sofia, le prof sait quelque chose de mon évanouissement ? », je demande à mon amie, pour me préparer à d'éventuelles réponses à donner devant tout le monde. J'ai horreur de ça.

« Non, rien, je crois, elle nous a vues partir en ambulance, mais on n'a plus eu de cours avec elle par la suite… elle te le demandera peut-être. »

Pour éviter que cela n'arrive, j'essaie de me cacher de toutes les façons possibles en ouvrant mon sac d'une seule main et en prenant des livres. Résultat : je me fais remarquer plus que jamais.

« Mademoiselle D'Andrea, bon retour parmi nous. Vous allez bien ? »

« Oui merci, tout est rentré dans l'ordre maintenant. J'ai fait de l'hypoglycémie, rien d'inquiétant. Ils m'ont gardée plus qu'il ne fallait pour des contrôles de routine, en soutenant que j'étais très stressée et en me conseillant de prendre quelques jours de repos. C'est tout. » C'est vraiment la seule chose que j'arrive à dire, je déteste parler de moi devant tout le monde.

Sofia me regarde, sans comprendre, mais se tait.

« Bien, nous pouvons donc commencer. Parlons de la dernière séance, de vos impressions et de ce que vous avez appris et acquis » continue-t-elle sans donner d'importance à ma réponse. Peut-être a-t-elle remarqué la gêne que j'ai eu du mal à cacher. C'est sûr.

Au début de la discussion, je pense qu'il est vraiment facile de trouver des excuses, lorsque l'on ne s'accepte pas. On pense que c'est plus facile, que c'est bien comme ça, mais ce sont toujours des excuses. Je ressens soudain un fort sentiment d'inadéquation, je pense que je ne devrais pas suivre ces cours. Je n'en suis peut-être pas capable, peut-être que je devrais vraiment y renoncer et aller faire autre chose. Peut-être qu'au fond, ils ont raison, je ne pourrai jamais devenir une bonne psychologue. On sent le courant passer chez mes camarades, qui se battent pour réussir à donner leurs impressions. Ils semblent assoiffés de connaissance, on dirait qu'ils sont déjà tous parfaitement entrés dans le rôle. Je voudrais m'enfuir ; et voilà, pour la première fois, je ressens même le désir de m'évanouir, de me laisser aller et qu'il advienne ce qui pourra. Je serais sauvée par la gêne que cela occasionnerait ; après une chose pareille, je pourrais même quitter l'université. Non, je me mets à écouter, ça suffit de penser, autrement ils s'amuseront tous à me psychanalyser, moi aussi.

« Parlons maintenant du moment déterminant. Quel a été ce moment, selon vous ? » reprend l'enseignante.

« À mon avis, le moment le plus important, celui qui nous fait prendre conscience du principal problème de la patiente, c'est sa prédisposition à raidir les muscles de son visage et de tout son corps, dès que l'on prononce certains mots. Je les ai tous notés : *enfance, adolescence, amis, nuit* et *pluie*. Lorsque la thérapeute prononçait ces mots, la patiente montrait des signes clairs laissés par les crises de panique, dont, selon moi, la patiente souffre depuis un bout de temps. »

L'explication que nous venons d'entendre est celle de Mattia, un garçon tellement précis que, quand il veut vous demander de manger avec lui, il dit : « tu as des projets pour le déjeuner, aujourd'hui ? Ça me ferait vraiment plaisir qu'on déjeune tous ensemble, ce serait bénéfique à la connaissance réciproque des élèves. » Il parle toujours comme ça. Grand, très mince, les cheveux roux, des taches de rousseur, des lunettes de la même tonalité que ses cheveux, il ne passe certainement pas inaperçu. Il est déjà psychologue, il est né parmi les psychologues, c'est l'une de ces personnes qui ne pouvaient rien faire d'autre, non pas parce qu'elles n'en sont pas capables, au contraire, mais simplement parce qu'elles l'ont déjà dans le sang, leur métier.

Tous les regards se tournent vers lui, assez stupéfaits. Au fond, le diagnostic du trouble de la patiente n'était pas des plus compliqués, mais savoir le diagnostiquer est une autre paire de manches. Mais lui, il a même su l'expliquer par des mots très précis.

La patiente qui s'est prêtée à l'écoute de groupe n'était pas une actrice. Tout était vrai, justement pour nous permettre de comprendre les dynamiques fondamentales de façon précise. Cela nous permet d'être vrais dans nos jugements et de ne pas nous hasarder à faire des analyses incorrectes des problèmes des patients que nous observons.

« Combien d'entre vous sont d'accord avec Mattia, à savoir qu'il s'agit de crises de panique dans le cas de la patiente analysée ? »

Tous ceux qui ont assisté à la séance lèvent la main automatiquement, sauf Giulia, qui n'est jamais d'accord sur rien, par pur principe.

« Giulia, vu que tu es la seule à ne pas avoir levé la main, on voudrait entendre ton avis… »

« Je ne pense pas qu'il s'agisse de simples crises de panique. Enfin, peut-être que si, mais elles viennent sans doute de traumatismes réels et non pas inconscients. »

« Sur quoi te bases-tu pour l'affirmer ? », insiste l'enseignante.

« Je pense que la raideur musculaire, présente chez la patiente de quarante ans, ne peut être que le résultat d'un traumatisme survenu lors de l'enfance. La crise de panique ne devrait donc pas être le diagnostic final, mais la conséquence logique de ce traumatisme. »

Mattia-Giulia 1 partout. Même si je ne peux pas intervenir, les deux thèses me semblent valables. Je sais qu'ils ne disent pas la même chose, mais je crois qu'il y a un peu de confusion. Au fond, la crise de panique est classée comme un trouble. Le traumatisme peut être seulement l'une des causes qui pourraient l'expliquer.

N'ayant pas été présente, je garde pour moi cette réflexion et j'évite de lever la main. Je pourrais bien risquer de lever la gauche, mieux vaut éviter ça.

« Avant d'entendre d'autres avis, s'il y en a, je vous donne cette explication de base, pour éviter toute confusion : la crise de panique est un trouble, le traumatisme peut être l'une des causes probables », explique de façon concise le professeur Colombo.

Parfait, j'aurais pu parler, même si je n'étais pas présente. Je devrai me décider à oser tôt ou tard. Ça me servira peut-être de leçon pour ne pas m'évanouir. Hourra.

« Donc », continue l'enseignante, « puisque nous avons éclairci ce point fondamental, je donne raison à Mattia pour le diagnostic précis, sans exclure que les causes de la crise puissent être un ou plusieurs traumatismes vécus dans le passé par la patiente, mais dont nous n'avons pas encore connaissance, parce que les séances continueront toujours avec la même patiente. Il y en aura dix en tout et vous observerez les différentes phases du processus d'analyse », conclut-elle, sans exclure par conséquent la théorie de Giulia, laquelle se ressaisit, en laissant transparaître un peu de jalousie, visible aux coins de ses lèvres, que son rouge à lèvres rouge feu ne réussit pas à cacher.

« Apparemment, j'ai quelque chose en commun avec cette patiente…", je chuchote à Sofia, qui sourit sans trop donner de poids à mon affirmation.

Pendant le reste du cours, nous nous contentons d'écouter l'enseignante, qui explique en détail le trouble de la crise de panique. " Médicalement, une crise de panique doit inclure au moins 4 des symptômes dans la liste ci-dessous et atteindre un paroxysme en moins de 10 minutes :

*   des palpitations cardiaques
*   une augmentation du rythme cardiaque (tachycardie)
*   une gêne respiratoire avec une sensation

d'étouffement
* des douleurs ou une gêne dans la poitrine
* des tremblements ou secousses musculaires
* ..."[3]

Je n'arrive pas à suivre le reste, je sens que je suis sur le point de m'évanouir à nouveau, je n'arrive pas à supporter ce discours ; j'ai l'impression qu'elle est en train de me décrire, moi et mes symptômes, mais au fond, ce n'est pas possible vu que je ne souffre pas de crises de panique, que je n'ai pas de tremblements, que je n'ai pas de sensations d'étranglement et aucun autre de ces symptômes. J'arrive à la fin du cours avec difficulté. Il est 11 heures et nous avons une pause qui dure jusqu'à après le déjeuner, donc Sofia me propose de boire un café, avant de nous enfermer dans la bibliothèque pour travailler un peu.

« Je t'invite », je m'exclame, après avoir attendu que les dix personnes devant nous aient pris leur café et que notre tour soit arrivé.

« Merci ! », s'exclame Sofia.

Je n'arrive absolument pas à prendre les pièces dans ma poche gauche avec la main droite. Je m'immobilise, je me sens envahie par les palpitations et la peur. Je ne voulais pas qu'elle le sache, mais c'est impossible d'expliquer que l'on ne réussit pas à prendre des pièces de monnaie, à cause d'un léger mal de bras, causé par le coup reçu lors de la chute.

« Agathe, tout va bien ? Tu es devenue toute blanche, ne me dis pas que tu fais encore de l'hypoglycémie ? » Sofia reprend la justification que j'ai donnée au prof

---

3
http://www.passeportsante.net/fr/Maux/Problemes/Fiche.aspx?doc=attaque-de-panique-pm-symptomes

Colombo, pendant le cours, comme si elle voulait souligner qu'il ne s'agissait pas de ça, et que peut-être, j'aurais dû dire la vérité. Sofia est une personne très correcte et précise et elle ne supporte pas trop les mensonges, mais elle n'ose pas me le dire, dans un moment pareil, j'en suis sûre.

« Oui je vais bien, mais je crois ne pas avoir de monnaie pour t'offrir le café », je réponds avec une lucidité immédiate, dont j'ignore la provenance.

« Oh, ne t'inquiète pas, pas la peine de devenir blanche pour ça, c'est moi qui t'invite. »

J'espère que personne n'a entendu cette conversation ridicule.

« Merci… »

Nous nous déplaçons pour boire le café dans le hall et l'épreuve suivante consiste à tourner le sucre dans le café, en saisissant le gobelet de la même main avec laquelle je devrais saisir le bâtonnet pour tourner le sucre. Je suis fatiguée, je n'en peux plus de gérer cette situation, surtout parce que je ne l'ai pas avouée.

« Tu es bizarre, aujourd'hui. Qu'est-ce que tu as ? » me demande mon amie.

« Rien, je n'ai pas trop le moral, parce que j'aurais voulu assister à cette séance et je m'en veux aussi pour toi, vu que tu n'as pas pu y aller… »

« Selon moi, tu te prends trop la tête. Primo, le fait de t'accompagner a été ma décision et si c'était à refaire, je le referais ; secundo, il y en aura neuf autres. On peut la rattraper. »

« C'est vrai », je me limite à répondre. Qu'elle est gentille cette fille… je pourrais peut-être lui faire confiance, elle ne se moquera pas de moi. Je me décide à lui dire la vérité, elle le mérite vraiment.

« Il y a autre cho… aïe !! » Pendant que je commence ma phrase, un garçon me heurte le bras (celui que je " peux " avoir). Résultat : je renverse tout mon café sur mon jean… j'en ai presque les larmes aux yeux, mais j'essaie de résister encore…

« Tu ne peux pas faire gaffe ?? », lui dit Sofia, pendant qu'elle sort des mouchoirs de son sac, pour m'aider à me nettoyer et que le garçon s'en va, en esquissant des excuses peu convaincues de la main.

Après nous être ressaisies, je suis sur le point de continuer à parler, mais la tache sur mon jean m'inquiète terriblement. Qui sait à quoi je dois ressembler vue de l'extérieur (heureusement qu'il n'y a pas beaucoup de miroirs dans cette université): avec deux bras dont l'un est hors d'usage, avec mon amie qui nettoie mon pantalon qui ne se nettoie pas, la jambe brûlée et complètement empotée dans mes mouvements. Et je n'ai même pas bu mon café. Génial.

« Tu étais en train de me dire quoi ? », reprend Sofia.

Rien, elle n'oublie rien, pire que moi.

« Oui, je disais que j'ai vraiment mal au bras, j'ai du mal à le bouger. »

« Alors, tu t'es peut-être fait plus mal que ce qu'on t'a dit, il vaut peut-être mieux que tu ailles passer des radios après. Je t'accompagne après les cours, de toute façon, l'hôpital est vraiment tout près. »

« Mais non, tu en as déjà trop fait… »

« Dis-moi, tu veux avoir une amie ou rester dans ton coin toute seule ? Tu es toujours là à te justifier et tu penses vraiment trop. Je vois que tu n'as pas le moral. Je pense qu'il y a autre chose et que tu ne me le dis pas ! »

« Mais non, qu'est-ce que tu veux qu'il y ait ? »

« Tu penses vraiment pouvoir tromper tout le monde ? Je vois bien que tu ne bouges pas ton bras et tu ne peux pas imaginer que ça ne se remarque pas ! Pourquoi tu ne me dis pas que tu es restée paralysée et que tu as inventé toutes ces histoires, en faisant semblant qu'il n'y avait pas de problèmes ??? »

Une larme coule sur sa joue, pendant que moi, je reste pétrifiée. Au-delà du fait qu'elle ait tout remarqué et même plus, elle se met même à pleurer parce qu'elle croit que je ne peux plus utiliser mon bras gauche. Ensuite, je pense aussi que j'ai vraiment été douée pour ne pas l'utiliser, mais je vois une deuxième larme de terreur couler le long du visage de Sofia et je vois aussi qu'elle est sur le point de me serrer dans ses bras, après avoir interprété mon silence comme la confirmation de sa théorie sur la paralysie.

« Non, ce n'est pas ça. »

Elle me regarde et je n'arrive plus à lire son visage. Elle semble soulagée, mais le fait qu'elle hausse immédiatement son sourcil gauche me fait deviner qu'elle est sur le point de s'énerver…

« Comment ? »

« OK, je me rends. La psychologue m'a demandé de lui dire, sans y penser, quelque chose dont j'avais peur à ce moment-là et moi, je ne sais pas pourquoi, je lui ai répondu que j'avais peur de rester sans un bras. Et donc, elle m'a expliqué que pendant 24 heures, je devrais faire semblant de ne plus avoir un bras. C'est tout », je conclus à demi gênée et agacée.

« C'est tout ??? Et tu m'as laissé penser au pire, seulement pour ça ?? », s'énerve Sofia.

« Et toi, tu m'obliges à parler, à dire des choses que je

n'ai pas envie de dire ?? Comment oses-tu ? », je réplique immédiatement.

« Bravo pour ta sensibilité ! Et moi qui m'inquiétais pour toi et qui pensais qu'on était amies ! »

« Mais je voulais juste y arriver toute seule, comme si je ne l'avais réellement pas, ce bras. »

« Mais pourquoi ? C'est peut-être justement à ça que tu devais penser. À demander de l'aide ! C'est peut-être ça que ta psy voulait te faire comprendre ! Demander de l'aide n'est pas un signe de faiblesse, mais d'humilité et de partage. Le fait de demander de l'aide nous unit tous. Pour toujours. Comme une très grande, une immense accolade. »

Je la regarde, sans même plus savoir à quoi je suis en train de penser.

« Je vais déjeuner avec Giulia et les autres toute seule », reprend-elle ; « de toute façon, même le fait de m'y accompagner était un problème pour toi, ou je me trompe ??? »

Et elle s'en va.

Je reste toute seule au milieu de la salle, avec mon gobelet vide, le bâtonnet, mon sac à dos dans la main droite, le bras gauche douloureux à cause des accusations reçues et toutes les personnes présentes avec les yeux rivés sur moi. Génial.

7. BOUCLES ROUSSES

Je sors et je m'assieds sur les murets du deuxième cloître, celui où l'on se réfugie quand on n'a pas envie de travailler à la bibliothèque. Je n'ai même pas la force de sortir un livre de mon sac à dos, pour faire semblant de lire quelque chose. Je reste là en perdant la notion du temps. Les curieux se sont dispersés dans les différentes salles, et heureusement, personne n'est venu me demander ce qui s'ést passé.

« Salut ma chère ! » J'entends ce salut qui vient d'une voix masculine, derrière moi ; j'ai l'impression qu'elle est très proche, mais personne ne m'appelle comme ça. Je me retourne donc pour être sûre de ne pas faire piètre figure si je ne réponds pas au salut.

C'est Mattia, ou pour Sofia et moi, *Boucles rousses*.

« Salut… », je réponds intimidée. Il ne manquerait plus que de devoir réexpliquer l'histoire du bras. Mieux vaut éviter d'autres mensonges, pour aujourd'hui ; j'ai fait assez de dégâts.

« Qu'est-ce que tu fais ici, toute seule ? »

« Je viens juste de m'asseoir, je voulais travailler un peu ici… » La théorie de dire la vérité n'a duré que l'espace de quelques secondes.

« Je pensais aller manger un morceau, ça te dit de m'accompagner ? »

Oh non, juste aujourd'hui.

« D'accord, allons-y », je réponds de façon concise.

« On devrait t'appeler Miss Sourire. Quelque chose ne va pas ? »

« Non, rien, pourquoi ? », je me vexe immédiatement.

« Allez, je plaisantais, c'était une blague ! Alors, je te propose de m'accompagner dans un endroit près d'ici, où ils font de la cuisine méditerranéenne. C'est un restaurant qui vient d'être rénové, très accueillant. Les murs sont dans les tonalités du rouge, du vert et du blanc, en hommage à notre pays. Les prix sont modiques, adaptés aux étudiants, pour lesquels une réduction supplémentaire est appliquée. En effet, le menu étudiant comprend même le dessert et le café. Ça pourrait te convenir ? »

Pendant qu'il parle, j'observe la précision avec laquelle il s'habille, qui rime avec son langage. Je n'y avais jamais prêté autant d'attention. Ses vêtements sont parfaitement repassés, sans aucun pli. Les couleurs sont assorties à la perfection. Je pensais qu'il ne dialoguait comme ça qu'avec les professeurs, mais au contraire, on dirait vraiment un livre imprimé. On a parfois du mal à le suivre, nous qui sommes habitués à parler un peu sans y réfléchir, un peu comme ça vient et qui sommes aussi obligés d'écouter certains parlers, remplis de « enfin » et « tu vois », souvent utilisés par les personnes qui ne savent pas quoi dire. Mattia, je ne l'ai jamais entendu utiliser de tics de langage de la sorte ; il réussit à organiser parfaitement ses discours, avant même de prononcer un seul mot. Et sans même rester longtemps silencieux. C'est assurément quelqu'un d'original.

« Très bien », je me limite à répondre, encore troublée par ce qui s'est passé il y a peu de temps avec Sofia.

Juste à ce moment, je sens mon téléphone vibrer. C'est Ale qui m'a envoyé un message : *Mais qu'est-ce que tu es devenue ? Tu vas bien ?? Appelle-moi.* Mince, pourquoi tout doit toujours arriver au même moment ? Je m'excuse auprès de Mattia et lui réponds : *Je vais bien, juste très occupée, excuse-moi. Je t'appelle ce soir.* Question réglée pour l'instant, mais je ne dois surtout pas oublier de l'appeler ce soir. Je suis maintenant absorbée par Mattia, dans le sens où je ne le connais pas bien et que je ressens cette sensation de rigidité initiale, celle que l'on ressent quand on parle avec quelqu'un, pratiquement pour la première fois, quand il n'y a pas encore beaucoup de familiarité, celle que lui, au contraire, semble ne jamais ressentir. En tout cas, pas maintenant, pas avec moi.

« OK. Je t'indique le chemin, alors. »

On dirait une invitation à suivre le bon chemin. Je suis méchante…

« Alors », poursuit-il, « quel est le cursus que tu as choisi pour cette année ? »

« Psychologie de l'enfant. Je l'avais déjà décidé depuis le lycée, disons que je me suis inscrite pour ça. »

« Ah bon ? Je ne l'aurais pas imaginé ! Je te verrais bien dans le cursus des indigents. »

« Sérieusement, moi ? », je réponds, en pensant que l'expression de mon visage et mon image ne doivent sans doute pas refléter du tout la personne que je suis au fond de moi. Peut-être que mes traits soi-disant froids, parce que clairs, me donnent l'air d'être une personne dure, comme le dit Mattia, qui n'a pas idée du nombre de fois où j'ai souhaité être ne serait-ce que 10 % moins sensible que ce que je ne le suis.

« J'adore les enfants. J'aime penser que l'on peut changer le monde, en modifiant les préjugés avec lesquels ils sont élevés, ou plutôt ceux qu'ils entendent déjà dans le ventre de leur mère. Je ne veux pas leur imposer par là mes vérités qui ne peuvent être que les miennes, mais leur faire comprendre qu'ils ont déjà une personnalité. Parce que c'est une chose qu'on oublie, trop souvent même », j'explique, en essayant de parler un peu pour éviter qu'il me dise, lui aussi, que je suis rigide.

« Ça me semble être une bonne motivation pour avoir choisi ton cursus ; c'est sûr que c'est compliqué, c'est toujours délicat, le dialogue avec les enfants. »

« Absolument, mais du peu que j'ai vu, ce sont les seuls qui sont vraiment disposés à écouter et à se mettre en jeu. »

« Théorie intéressante. Je n'y avais jamais pensé. »

« Et toi, qu'est-ce que tu as choisi ? »

« Moi, je me suis orienté vers la psychologie cognitive. Je suis très attiré par les dynamiques obsessionnelles-compulsives. »

« Ah, les TOC.[4] Mince, ça m'effraierait un peu. Sur qui tu vas tomber ? »

« Moi, ce sont les enfants qui m'effraieraient, ils disent toujours la vérité. »

« Oui, mais les obsessionnels-compulsifs ont souvent des expressions du visage qui font peur, des tics et qui

---

4   Trouble obsessionnel compulsif

sait ce qui leur passe par la tête, s'ils arrivent à t'écouter entre un compte mental et l'autre. Non, je ne crois pas que ça soit pour moi. Je t'admire beaucoup. »

« Moi aussi, je t'admire beaucoup. Ils ne proposent pas plusieurs types de parcours pour rien, et en effet, je ne pense pas qu'il n'y en ait pas un meilleur que les autres, mais un plus ou moins adapté à nos personnalités. »

« Oui, effectivement, ça me semble être une bonne interprétation. »

« Nous y voilà, le restaurant se trouve au troisième étage de cet immeuble, on peut prendre l'ascenseur. » Il m'indique de nouveau la route, pour rejoindre le restaurant. Je ne connaissais pas cet endroit. À peine entrés dans l'ascenseur, il appuie sur le bouton 3, puis regarde autour de lui en s'exclamant : « mince, je ne supporte pas qu'il n'y ait pas de miroirs dans les ascenseurs. Ils sont fondamentaux, selon moi. »

Je mets un instant à réaliser qu'il parle de miroirs ; qui parlerait de miroirs ? Personne.

« C'est-à-dire ? Pourquoi tu aimes te regarder dans les miroirs ? »

« Je pense qu'on aime tous voir si on est présentables avant d'entrer quelque part, non ? »

« Oui… »

« Viens, allons prendre une table. »

Pendant qu'il s'occupe de tout, je suis très intriguée par son discours sur les miroirs. Je veux maintenant comprendre s'il s'agit d'une simple phrase que tout le monde pourrait dire ou s'il a, lui aussi, une théorie sur ce sujet.

Nous nous asseyons et Mattia me tend une carte, en ouvrant l'autre pour lui :

« Ce restaurant a pour spécialité les pâtes. Ils en ont de tous les types et de tous les formats. Ils viennent des Pouilles et ils les commandent à leurs collègues de la région, qui travaillent à la fabrique familiale de pâtes. Ils possèdent tout le matériel nécessaire et ils vendent du blé dur, du maïs, de l'épeautre et de l'avoine. Si tu consultes la page 2 de la carte, tu trouveras toutes les informations principales sur l'histoire de leur fabrique de pâtes. Et en continuant à la page 3, tu pourras voir les nombreux types de condiment, avec les suggestions du chef, à propos des meilleures combinaisons de pâtes-condiment. Ensuite, comme tu peux le remarquer sur la dernière page, la provenance et la qualité des ingrédients utilisés pour chaque aliment présent dans la carte sont indiquées. Sur ce, il ne nous reste plus qu'à choisir. »

Mattia est une de ces rares personnes qui arrivent à parler comme généralement on écrit. Moi, quand je parle, je cherche le meilleur terme. Lui, il le connaît déjà. Moi, je réfléchis au meilleur moyen de me faire comprendre pendant que j'élabore une phrase. Lui, il l'a déjà pré-élaborée dans sa tête, avec une vitesse inégalable, et il ne fait rien d'autre que la proposer, comme s'il connaissait déjà à la perfection chaque sujet qui sera traité, comme s'il avait étudié, à la perfection, le programme de l'examen. Moi, j'hésite souvent, dans la forme et le contenu et même le ton. Mattia n'hésite jamais, il sait toujours quoi dire, comment le dire et quelle intonation utiliser.

« Tu as été très clair », je commente, pendant que, intriguée, je commence à lire la carte avec soin. Après mûre réflexion, je choisis mes préférées, les *penne* au pesto rouge.

« Un choix courageux ! », s'exclame Mattia après avoir commandé nos plats au serveur.

« Pourquoi ? », je demande, avec cette pointe de honte qui assaillit tout de suite les filles ayant un joli coup de fourchette comme moi, qui, n'ayant pas la conscience tranquille, pensent que chaque commentaire sur ce qu'elles mangent se rapporte tout de suite au fait qu'elles vont sans doute grossir. Et c'est peut-être vrai.

« Eh bien, il s'agit sans aucun doute d'un plat copieux. Je ne m'y serais peut-être pas aventuré moi-même, alors que je mange de tout. »

" On ne dirait pas… ", je pense, en remarquant ses bras, comme si je les voyais pour la première fois. Il porte un t-shirt à manches courtes, il n'est pas frileux. Ils sont vraiment menus, comme tout le reste de son corps, mais pas trop ; sa minceur lui va bien. Les boucles de ses cheveux lui cachent légèrement le visage et les yeux, devenus presque jaunes en ce moment, peut-être à cause d'un reflet de la lumière du restaurant. Il arrive à vous fixer avec profondeur, comme s'il était vraiment en train de vous étudier et il ne quitte jamais cette expression joyeuse et sereine, même lorsqu'il s'arrête quelques secondes, pour réfléchir. Je ne le connais pas si bien que ça, mais nous avions déjà remarqué ça avec Sofia, pendant les cours. Dans ces cas-là, il positionne sa bouche d'une façon étrange, en faisant rentrer ses lèvres vers la cavité, jusqu'à presque les faire disparaître du dessin de son visage.

En abandonnant la théorie selon laquelle il me parlait de kilos en trop dus à mes pâtes, je réponds :

« Toi, tu as pris des pâtes avec de la viande, et ça me semble décidément plus difficile à digérer. »

« Alors, on va voir qui va gagner cette compétition ! », répond-il sans hésiter un seul instant, ni être surpris par ma réponse.

« Ça marche ! En changeant de sujet, tout à l'heure, tu as parlé du miroir qui manquait dans l'ascenseur. Tu as dit ne pas supporter quand il n'y avait pas de miroir. Il y a une raison particulière à ça ? », je demande, en cherchant à poser ma question de la façon la plus neutre possible, parce que la dernière chose dont j'ai envie, c'est de faire comprendre que ce sujet me pose des problèmes ; je devrais la faire passer pour une simple curiosité, bien que je ne sache pas vraiment comment gérer le tout. Lui, il le saurait sans aucun doute.

« Quelle curieuse question… tu as fait attention à ce que j'ai dit, ça aurait pu être quelque chose d'insignifiant », prend-il le temps de répondre.

Silence.

« Le miroir, continue-t-il, est l'objet qui possède dans l'absolu la capacité de me faire ressentir deux émotions opposées, la satisfaction et l'anxiété. Je m'habille devant le miroir, j'en ai besoin. Je me sens mal à l'aise quand je n'en ai pas un à ma disposition. Il me permet de vérifier que tout est impeccable, même quand je mets mon jean et un t-shirt. Je veux que tout soit en ordre, autrement, je n'arrive pas à sortir. C'est une opération délicate pour moi, qui me demande toujours quelques minutes. »

« Et quand tu te déshabilles aussi ? »

« Ce n'est pas fondamental, mais un coup d'œil je le jette volontiers. »

« Et ton anxiété est due au fait que tu ne te plais pas, ou à l'exigence d'être toujours impeccable ? »

« La deuxième proposition, même si je ne me plais pas toujours. »

Je réfléchis quelques instants. Peut-être ne parlons-nous pas de la même chose. Peut-être que pour lui, comme pour beaucoup d'autres personnes, le moment du miroir sert seulement à vérifier que tout est en ordre.

Il remarque mon silence et poursuit :

« Je t'ai troublée ? Tu as une expression bizarre. »

« Non, pas du tout, j'étais plongée dans mes pensées. J'essayais juste de m'imaginer en train de m'habiller devant le miroir. Je ne pense pas que j'y arriverais, on verrait chaque moindre détail, et je ne suis pas sûre d'aimer ça. »

« Disons que je ne risque pas de me tromper de boutons sur ma chemise ! »

« Ça c'est sûr ! »

Je cherche un moyen de poser la question qui m'intéresse vraiment sur le miroir, mais la serveuse nous apporte notre repas, en détournant complètement l'attention de Mattia de notre discours sur le miroir. Nous nous concentrons sur nos plats respectifs.

« Ces pâtes sont délicieuses ! », je m'exclame. On dit que c'est un plaisir de m'amener manger dehors. Disons que je l'apprécie beaucoup... malheureusement.

« N'est-ce pas ? Je suis content de t'avoir fait connaître un nouveau restaurant, avec des plats qui sont, entre autres, à ton goût. »

Parfois, ses phrases sont prononcées de façon tellement impeccable, qu'il en devient même difficile de lui répondre par un sourire d'acquiescement.

« Moi, je ne me regarde presque jamais dans le miroir. Ou plutôt, je me regarde, mais ça me pose quelques problèmes. »

« Pour quelle raison ? »

« Les trucs de fille habituels : je me sens grosse, je ne me plais pas... »

« Tu es sûre de bien voir ? »

« J'ai onze dixièmes. »

« Mais, permets-moi de te poser une question : tu le fais exprès ou tu es vraiment modeste à ce point ? »

« Modeste ? Je ne comprends pas... »

« Je ne parlais pas de dioptrie, Agathe, mais d'observation. En assaisonnant peut-être le tout d'un compliment voilé. »

« Tu m'as fait un compliment et moi, je suis passée pour une idiote ? », je demande, avec une pointe d'embarras.

« C'est toi qui dis ça, moi j'ai dit quelque chose de plus gentil », réplique-t-il, d'un sourire attendri.

« Comme toujours. »

« Merci, c'est toi qui me fais un compliment, maintenant. Mon compliment était relatif à ton aspect physique, ou plutôt à la perception que tu en as. Selon moi, tu devrais aller aux toilettes maintenant, ouvrir la porte, te mettre devant le miroir et regarder l'éclat de tes yeux en ce moment même. »

Je suis pétrifiée. C'est terrifiant la façon dont, sans changer de ton, ni d'intonation, Mattia passe des pâtes à la beauté, ou plutôt, à un compliment destiné à une fille. Et il le fait même très joliment.

Et tandis que moi, je suis ici à penser à la haine profonde que je ressens à la simple idée de me regarder dans le miroir, pour voir toutes les parties de mon corps qui ne me plaisent pas, lui, il est en train de regarder l'éclat de mes yeux et moi, je ne sais pratiquement pas ce que signifie cette expression.

« La beauté est subjective », reprend-il, « et malheureusement pour vous, les filles, c'est un peu compliqué : le modèle qu'on vous propose t'empêcherait même de regarder ces pâtes que tu es en train de manger. »

« Exact », je réponds en observant le nombre de *penne* qu'il me manque encore pour finir mon assiette et en accueillant son observation comme une accusation. Comme s'il était en train de me dire d'arrêter de manger. Je n'arrive vraiment pas à éviter de me mortifier.

« Et au contraire, vous êtes belles, parce que vous êtes si différentes les unes des autres. Les hommes se ressemblent plus, à partir de leur façon de s'habiller, même si chacun d'entre nous a ses particularités. Vous, votre force réside dans votre diversité. J'ai souvent pensé que j'aurais aimé être une femme », conclut-il, comme s'il se parlait à lui-même, d'un regard à demi-rêveur.

De pétrifiée, je passe à une sculpture de glace. Aux hanches larges. Je ne sais plus quoi dire. Si Ale avait été ici, elle lui aurait déjà demandé s'il n'était pas gay, avec la spontanéité qui la caractérise. Je n'ai jamais connu de garçon comme ça. Jamais entendu ces mots de la bouche d'un garçon. Ni de la bouche de personne, d'ailleurs. Je voudrais, moi aussi, ne voir qu'un éclat dans mes yeux quand je me regarde dans le miroir. Ça me permettrait d'éviter de voir tout le reste.

Mais ce que je ne dis pas à Mattia, et que je suis en train de penser, c'est que moi, j'y vois une fille, pas encore une femme, plus une enfant, mais avec certains traits encore enfantins, qui voudrait être un garçon, qui voudrait voir une veste et une cravate dans le miroir, pour ne plus penser à ce que je dois me mettre, étant donné que le shopping pour femmes est trop varié.

« Si tu veux, on peut aller faire des achats un de ces quatre », lit dans mes pensées Mattia, « je suis doué et toi, tu devrais te mettre en valeur. »

J'acquiesce, ne réussissant plus à répliquer, tout en finissant mes pâtes par inertie.

« Mais tu as mal au bras ? Tu n'arrives pas à le bouger ? » Tirée d'embarras d'un côté, je sombre dans l'angoisse à l'idée que la scène qui s'est déroulée peu de temps avant avec Sofia ne se reproduise avec lui.

Tachycardie... de nouveau... j'essaie quand même de répondre.

« Oui, je me suis fait mal en tombant et j'ai du mal à le bouger, mais ne t'inquiète pas, il n'y a rien de cassé. »

Ma tête commence à tourner... " un instant ", je pense, " je ne me suis pas servie de mon bras ! Et je n'y ai même pas pensé ! J'étais tellement prise par la conversation, que j'ai oublié de l'utiliser alors que c'était ma pensée la plus envahissante, ma seule idée fixe. "

Mattia nous a désarmés, mon bras et moi.

« Tu pourrais le nouer à ton cou avec un foulard. Au moins, tu serais sûre de ne pas le forcer et puis, ça détendrait sûrement tes muscles », me suggère-t-il, avec le sourire de ceux qui savent qu'ils sont en train de donner un conseil très utile.

L'espoir que personne ne me pose de questions sur mon bras, m'a peut-être empêchée de penser à cette évidence évidente. Personne n'aurait osé m'insulter, ma thèse sur le bras blessé lors de la chute aurait eu une preuve réelle et en plus, j'aurais eu de l'aide qui se serait sans doute révélée utile. Si quelqu'un ne bouge pas son bras, c'est qu'il est fou. Si quelqu'un tient son bras en écharpe, c'est qu'il a besoin d'un coup de main. Nous avons vraiment tous besoin de voir l'évidence par nos yeux, pour pouvoir proposer de l'aide, sans aucun jugement. Autrement, nous sommes tous aveugles.

Mais moi, je suis née et j'ai grandi avec la conviction de tout devoir faire par moi-même. Sofia avait raison, la psychologue voulait sans doute me pousser à demander de l'aide. Je ne voulais pas me disputer avec Sofia. Je ravale une larme.

« Où est passé ton éclat ? Comme tu es pensive… », devine Mattia.

« Non rien, je pensais que c'était une bonne idée », je coupe court.

« On en achètera un après, si tu es d'accord pour faire les magasins. »

Je me sens tout à coup en sécurité : la tachycardie et l'anxiété se sont calmées, ma tête semble être bien sur mes épaules et le fait de devoir cacher mon bras n'a plus d'importance.

« Oui ! », j'accepte, d'une nouvelle voix.

« Parfait, aujourd'hui, c'est moi qui offre le repas. Je vais payer, et puis, on pourra y aller ! »

8.   AUTO-DÉRISION-TENDANT-À-LA-DÉPRESSION

« Salut Ale, c'est Agathe », j'annonce, quand Ale répond à son portable, au soir de cette journée compliquée.

« Waouh, ça fait longtemps. Tu vas bien ? »

« Oui, maintenant oui », je réponds.

« Quoi, pourquoi 'maintenant' ? Qu'est-ce qui s'est passé ? »

« Je me suis évanouie et on a voulu me faire passer des examens à l'hôpital. On ne me laissait plus sortir. »

« Arrête, pourquoi tu ne me l'as pas dit ? J'aurais pu venir te voir à l'hôpital. »

« Parce que j'étais trop nerveuse, en colère. Je voulais juste sortir et je n'attendais que ce moment. »

« Mais c'est arrivé quand ? »

« Il y a quelques jours, on allait à la séance d'essai à l'université et je me suis évanouie. Ils m'ont emmenée à l'hôpital pour passer des examens : d'un point de vue physique, tout va bien, mais… »

« Attends, tu es à la maison ? Je suis dans le coin, je passe chez toi, de toute façon il n'est que neuf heures. Tu me le raconteras mieux de vive voix, OK ?! »

« D'accord… je t'attends. »

Troisième épreuve pour mon bras qui arrive chez moi. Fin des vingt-quatre heures demain matin, vers neuf heures. J'en suis à la moitié. J'avais pensé les passer simplement en allant me coucher, pour ne pas risquer d'échouer à l'épreuve. Mais ça me va. Ale est toujours ma très chère amie. Elle fera la grimace en m'écoutant, mais au final, elle comprendra.

Elle arrive tout de suite, elle n'était vraiment pas loin. Malgré notre grande amitié, nous nous échangeons les politesses habituelles, celles qui se rendent nécessaires pour toute personne qui entre chez quelqu'un d'autre.

Nous nous asseyons sur le canapé : une bière pour moi, un thé chaud pour elle, le tout effectué habilement d'une seule main, pendant qu'elle me raconte sa journée, en oubliant d'observer mes gestes. Tant mieux. Elle me parle du nouveau professeur d'allemand, incroyable, qu'elle adore déjà :

« Enfin quelqu'un d'intéressant, de cultivé, d'intelligent, de beau. Disons qu'on ne se lasse pas de ses cours. Un peu comme pour toi avec le prof de psychologie cognitive, dont tu me parlais, non ? »

Silence de ma part. Pourquoi ? Pourquoi cette comparaison venant de sa bouche ?

« Mais tu ne l'avais pas, ce foulard, quand je suis entrée », continue Ale, qui semble être tout juste sortie de son rêve du professeur d'allemand, vu qu'elle n'a même pas remarqué mon bras suspendu à mon cou.

« Si, tu n'as pas dû le remarquer, parce que j'étais dans la cuisine. Il soutient mon bras, parce que je ne peux pas le bouger. »

« Et pourquoi ?? Tu ne m'avais pas parlé du bras ! »

« Prête à écouter quelque chose d'incroyable ? »

Après avoir fini de lui parler, avec mon angoisse et ma tachycardie habituelles, des dix séances chez la psychologue et de tout le reste, elle s'exclame :

« Mais c'est quoi cette psy qui te dit de ne pas te servir de ton bras pendant 24 heures ? Elle te complique la vie… mais d'abord, pourquoi ? »

En effet, vu comme ça, ça a plutôt l'air d'une histoire de médecin fou, que d'une histoire de médecin pour fous.

« Parce qu'on a parlé de peurs et que je lui ai dit la première chose qui me passait par la tête et dont j'avais peur, c'est-à-dire celle de perdre un bras. » Je sais qu'avec Ale, je peux me dévoiler, même quand tout cela dépasse sa compréhension.

Elle éclate d'un rire péniblement bruyant, dont l'écho résonne dans la pièce.

Je n'aurais pas dû lui dire ; je déteste quand les autres ne comprennent pas l'importance de mes propos et que je me sens presque obligée de dédramatiser quelque chose qui ne doit pas être dédramatisé.

Je dois avoir transmis mon malaise à travers mon regard, parce qu'elle s'empresse d'ajouter : « non, allez, excuse-moi, mais ce genre de choses n'arrive qu'à toi… »

« Pas de problèmes », je réponds, « mais ça marche peut-être… »

« Non, mais sérieusement, pourquoi tu as peur de perdre un bras ? Enfin, je sais que c'est une chose très grave, mais pourquoi cette peur enracinée plutôt qu'une autre ? »

« Je ne sais pas, c'est la première chose qui me soit passée par la tête et je l'ai dite. Elle attendait une réponse rapide, de celles que l'on donne sans y penser, de celles qui viennent apparemment de l'inconscient. On dit que ce sont celles qui sont les plus authentiques, mais après, comprendre pourquoi, c'est une autre paire de manches. Essayons ! Ferme les yeux. »

Elle s'exécute.

« Sans réfléchir, dis-moi quelle est ta plus grande peur. »

« Je n'ai peur de rien. »

« Ce n'est pas possible, ne joue pas ta star. »

« J'ai peur qu'un voleur arrive, un ravisseur, qu'il nous enlève, qu'il nous épouse toutes les deux, parce qu'il est bigame et que l'on devienne ses esclaves pour la vie. Et je ne pourrai plus revoir le prof d'allemand. »

« Tu es trop bête... » Je la regarde, en renonçant à l'analyse psychologique improvisée.

« De grossir. J'ai peur de grossir. »

« Mais tu ne grossis jamais, tu sais te contrôler », je lui réponds, en remarquant son regard voilé à présent.

« Justement, j'ai peur de perdre le contrôle, je n'aime pas mon corps et dès qu'il prend un kilo, je ne le supporte plus. »

« Tu ne me l'avais jamais dit, tu as l'air si sûre de toi et on dirait que ton corps te plaît, tu sais comment l'habiller... »

« Ne te laisse pas tromper par les apparences, Agathe, ce n'est pas parce qu'une personne est bien habillée, qu'elle est sûre d'elle ou qu'elle se plaît... au contraire... »

« Je n'en avais aucune idée... », je réponds, surprise. Voilà une belle théorie-préjugé de mon cerveau qui tombe...

« Ne t'inquiète pas, de toute façon j'adore ton foulard », change-t-elle de sujet, peut-être pour ne plus penser aux kilos et à la peur.

« C'est Mattia qui me l'a offert aujourd'hui, parce qu'il a appris pour le bras. Mais il pense que je me suis juste fait mal au bras, il ne connaît pas le reste. Il est très gentil, mais je n'avais vraiment pas envie de lui raconter toute l'histoire de la psy. Au fond, même moi, je ne sais pas pourquoi je vais chez une psy. »

Je repense au rire d'Ale ; peut-être que Mattia n'aurait pas ri, mais je ne le connais pas encore assez bien. Mais Ale et moi, nous « fonctionnons comme ça », nous sommes des synonymes et des antonymes, qui finalement s'entendent toujours.

« Mattia, c'est celui avec les cheveux roux, non ? »

« Oui, c'est lui. Il est très sympathique. »

« Tu ne lui plairais pas par hasard ? »

« Je ne sais pas, il dit que je suis belle, et que mes yeux ont un bel éclat. »

« C'est peut-être juste un compliment, comme le font les amis gay. Mais lui, il te plaît ? »

« Non, c'est un ami. Peut-être qu'il deviendra aussi un bon ami. »

« Tant mieux, je ne vous vois pas ensemble. »

« Pourquoi ? »

« Trop maigre, trop peu de style, trop de bagout. »

Ale a la mauvaise habitude de décider pour les autres en fonction de ses critères.

« Il doit me plaire à moi, pas à toi. »

« Je le savais qu'il te plaisait ! »

« Mince, je n'y avais même pas pensé ! »

« Mais moi, je le sentais ! », commente-t-elle avec son rire contagieux, qui réussit toujours à me voler un sourire.

« OK, un à zéro pour toi ! »

« Si tu veux en parler, sache que je suis là. En attendant, tu veux que je fasse quelque chose pour toi, pendant que je suis ici, vu que tu n'as qu'un seul bras jusqu'à demain matin ? »

" Tu es trop mignonne ", je pense.

« Non merci, tout est sous contrôle. »

« Alors, je vais rêver de mon prof maintenant, et demain, je pourrai finalement le revoir ! »

« Waouh, on dirait que tu as vraiment craqué ! »

« Il n'y a pas photo avec tous ces gamins qui nous entourent... sauf Mattia, bien sûr. »

« Allez, arrête ! », je la prie en souriant.

Elle me lance un clin d'œil, se rapproche pour notre bise joue-joue-bisou sonore et s'en va, me laissant de nouveau seule.

" Qu'est-ce qu'on fait avec un seul bras, le soir, en attendant d'aller se coucher ? " je pense, avec une pointe d'auto-dérision-tendant-à-la-dépression. Je dois quand même prévoir une bonne demi-heure pour me laver, me déshabiller, enfiler mon pyjama et faire tous ces gestes, avant d'aller au lit. « Demain, je pourrai enfin sortir sans ce foulard... et non ! Désormais, j'ai dit que j'avais très mal au bras, me faut-il encore mentir ? », je m'exclame devant mon image réfléchie par le miroir, pendant que je passe rapidement devant, en évitant de trop regarder mon bras, unique témoin de mes mensonges récents, que je me justifie à moi-même, en repensant au rire gênant d'Alessandra, même si je le lui accorde, juste parce que c'est mon amie.

Au final, je décide d'aller au lit au plus tôt, pour ne plus penser à tout ça. En général, dans ces cas-là, je me dis que j'y penserai le lendemain matin et ensuite, le lendemain matin, je n'ai qu'un souhait, celui de retourner au soir précédent, pour ne pas y penser.

Je me lave et me change avec beaucoup de mal ; cependant, je réussis à atteindre le lit et, avant d'éteindre la lumière, j'enlève le foulard de mon cou, pour le poser sur ma table de nuit. En faisant ce geste, je remarque qu'il porte une inscription, que je n'ai pas vue tout à l'heure. *Suis les papillons.* J'avais remarqué les dessins des papillons, que j'adore, mais pas l'inscription. Je dois immédiatement satisfaire ma curiosité, qui s'est manifestée de façon soudaine. Je prends mon pc et je me mets à chercher le mot *papillon* et tout ce qui est attaché à son étymologie. J'ignore pourquoi, mais j'aime beaucoup chercher l'origine des mots, comme si j'arrivais toujours à trouver d'importantes révélations en elle.

Parmi les différentes définitions de *papillon,* je tombe sur un document intéressant concernant le *Purgatoire* de Dante.

"Non v'accorgete voi che noi siam vermi / nati a formar l'angelica farfalla, che vola a la giustizia sanza schermi?"[5] *L'image porte sur la distinction entre chenille et papillon, c'est-à-dire l'insecte imparfait et l'insecte parfait, à savoir, selon Dante, la*

---

[5] Ne savez-vous donc point que nous sommes des vers nés pour devenir l'angélique papillon qui, sans que rien l'en défende, vole devant la Justice ? *Le Purgatoire, Chant X,* http://www.abbaye-saint-benoit.ch/dante/purgatoire/010.htm

comparaison entre l'imperfection de l'homme, limité par ses cinq sens, par rapport à l'âme immortelle.[6]

Donc, Mattia me souhaite inconsciemment (ou consciemment) de suivre mon âme ! J'ai toujours aimé les papillons. Je viens juste de découvrir pourquoi : ils sont le symbole de l'âme, du cœur et il ne faudrait jamais oublier de suivre son âme.

J'éteins la lumière, je serre mon foulard en pensant avoir trouvé un bon ami en Mattia. J'espère ne jamais oublier de suivre les papillons, avant même de découvrir où ils vont.

---

6   Traduit librement du site
http://www.treccani.it/enciclopedia/farfalla_%28Enciclopedia-Dantesca%29/

9. JE VOULAIS ÊTRE COMME EUX

Le lendemain, je me réveille à neuf heures pile. Aujourd'hui, les cours commencent tard. Des particules de soleil entrent par les petits trous présents sur le store baissé. Et ça me rappelle immanquablement les matins où je me réveillais chez ma grand-mère. Les stores étaient juste devant nos lits simples, placés l'un à côté de l'autre ; le grand lit, elle avait voulu l'enlever, après la mort de mon grand-père, survenue des années auparavant, trop tôt. Elle lui était toujours restée fidèle. Elle m'adorait, elle adorait que je sois chez elle et moi, j'adorais sa sage simplicité.

Ainsi, j'avais mon petit lit dans sa chambre et, le soir, quand elle dormait déjà, je passais une bonne demi-heure à observer les phares des voitures qui passaient et se reflétaient sur notre plafond. Je me demandais comment c'était possible, que la lumière des phares, dirigée vers le goudron, puisse se refléter sur notre plafond. Je me disais que l'asphalte n'était pas un miroir, et je n'arrivais donc pas à comprendre où était le truc ! J'imagine une ville, avec des miroirs à la place des rues. Ce serait vraiment un beau désastre : je ne ferais rien d'autre que me regarder et mes hanches seraient énormes vues de bas en haut, à travers leur reflet. Même si je souhaiterais que mon regard ne soit capturé que par le ciel, vu sous mes pieds. Marcher dans le ciel, voler, tout comme les papillons.

Soudain, je me souviens d'avoir à peine rêvé d'être entourée de papillons, exactement comme ça m'était arrivé lors de l'un de mes séjours parisiens, invitée chez mes amis, qui étaient ma famille d'accueil pour les échanges culturels scolaires. Un après-midi de septembre, alors que j'étais allée leur rendre visite, j'ai accompagné Milo, le cadet, à son cours de violon. En attendant sa sortie, je m'étais assise sur un banc, duquel on pouvait observer la Seine. J'étais en train de lire, quand, à côté de moi, se sont « assis » des papillons blancs et jaunes. Ils étaient ravissants. Ils sont restés un moment près de moi, jusqu'à ce que

Milo revienne. Je lui ai alors demandé comment s'était passé son cours de musique et il m'a répondu : « très bien. J'aime la musique et j'aime mon violon. Tu sais, moi je crois qu'aimer, c'est faire ce qu'on veut. »

On ne se demande jamais ce que l'on veut réellement faire. Je m'assois sur mon lit, saisis mon PC du bras gauche, l'appuie sur mes jambes et commence à chercher un vol pour Paris pour le week-end prochain. J'ai envie de faire ce que je veux et la seule chose que j'aie envie de faire en ce moment, c'est de partir pour Paris et de chercher ce banc, pour m'asseoir là, où des années auparavant, se sont posés les papillons blancs et jaunes. Un vol low cost étant encore disponible pour ce week-end, j'achète un billet et ce n'est qu'à ce moment-là que je réalise que je me suis servie de mes deux bras ; sensation merveilleuse. Je n'avais pas idée de l'étendue de la difficulté et du nombre de personnes qui n'auront pas la chance de ressentir ce sentiment de liberté que je suis en train d'éprouver.

Motivée par l'achat de mon billet en direction de Paris, je me lève et me prépare pour sortir. Je veux arriver avant le début des cours, prendre le petit-déjeuner avec Ale et puis, je voudrais voir Sofia et clarifier la situation, en espérant qu'elle ne soit pas trop fâchée.

Prête, je prends mon sac et sors. Du *Tiziano Ferro* dans ma poche et dans mes oreilles, je marche en chantonnant.

Je parcours le chemin menant au métro et ce n'est qu'au moment de me retrouver face à l'escalier qui conduit sous terre que je me rends compte que je ne me suis pas arrêtée devant le miroir. Après un moment de joie initiale due à cette nouveauté, je me demande comment j'ai fait pour oublier une action aussi importante. Je me le reproche et je cours sur le quai pour chercher quelque chose ressemblant à un miroir qui puisse remédier à mon étourderie. La vitre du distributeur de café est ce que je réussis à trouver de mieux ; cela ne résout certainement pas le problème, j'ai beaucoup de mal à m'examiner comme je le souhaiterais. Mais je réussis quand même à regarder mes vêtements ; aujourd'hui, j'ai essayé de ne pas porter de jean ni de Dr Martens. J'ai essayé de mettre *ce* pantalon, acheté un mois auparavant, sur les conseils d'Ale, ou plutôt les ordres d'Ale et dont l'étiquette a été coupée ce matin. J'ai essayé de faire autre chose, peut-être grâce à l'élan mental reçu après m'être souvenue de la phrase de Milo sur l'amour et sur le fait de faire ce que l'on a envie de faire. J'ai envie d'être différente. J'ai envie de me plaire et j'ai pensé qu'une paire de pantalon différent pourrait m'aider à me voir sous un autre œil. Ce pantalon est beige, avec des poches latérales, des paillettes sur les côtés, est serré aux chevilles et doit être porté, d'après l'évangile selon Ale, avec des bottes noires. Rien de bouleversant, à première vue. Rien qui ne pousse à un changement radical de mon apparence ; mais, en ce moment, dans ce miroir improvisé, je me vois si gauche, si voyante, si différente de celle que je suis d'habitude. Alors, je me complimente d'avoir atteint mon objectif, sauf que mon jean me manque, mes Dr Martens me manquent. De plus, je suis si semblable aux autres. Je me sens comme eux. Je voulais être à leur place, mais mon cœur commence à palpiter plus fort, plus fort qu'il ne le devrait et ma tête tourne dangereusement. J'essaie de me distraire, je détourne mon regard du miroir, me promène un peu, en essayant de me sentir bien dans mes nouvelles bottes, qui me font un peu mal aux orteils. Je ne vois rien d'autre que des jambes qui marchent tout autour de moi, enveloppées de pantalons beiges et de bottes noires (ce doit être la dernière mode !). Je me sens observée. Il faut que je le fasse. Je dois rentrer à la maison, me regarder dans le miroir, et peut-être me changer. Je veux voir si ces hanches énormes sont dues aux poches du pantalon ou si j'ai de nouveau grossi. J'y vais. Je vais chez moi. Je me dirige vers la sortie, je monte maintenant les escaliers et…

« Salut Agathe ! »

« Salut Ale… », je réponds d'un ton déçu. Mon plan est désormais tombé à l'eau.

« Ça va ? Où est-ce que tu vas ? »

« J'ai oublié un cahier et j'allais le chercher… »

« Il est si important que ça ? Tu ne peux pas t'en passer ? Comme ça, on y va ensemble et on peut prendre notre petit-déjeuner tranquillement … »

« Oui, tu as raison. D'accord, on y va », j'ajoute, sans avoir la force d'insister, gênée par l'énième mensonge, que je me raconte peut-être à moi-même, avant de le raconter aux autres.

« Hé ! Mais tu as mis ton pantalon beige ! Tu as vu ? Il te va très bien ! »

Je ne réponds pas. Ma tachycardie augmente de façon dangereuse.

Ale ne remarque rien de particulier et continue à parler, lorsqu'on monte dans le train : « tu n'imagineras jamais ce dont j'ai rêvé cette nuit ! Je suis sur un petit nuage ; j'ai rêvé de lui, il était très beau et il voulait approfondir un sujet de littérature avec moi, et donc, il m'a invitée à dîner et alors, on est allés dans un restaurant. On a parlé de mon mémoire sur Goethe et de la façon de le rendre expérimentale ; il est en train de parler, puis il se lève et m'embrasse... Ah, comme j'aimerais que ce soit vrai ! », raconte-t-elle, sans même reprendre son souffle une seule fois.

Je souris, mais je suis distraite par autre chose. Ale regarde dans la même direction que moi et dit :

« Mais ce n'est pas ta copine, là ? Sofia ? »

Je lève les yeux, mon cœur commence à battre fort: « Si, c'est bien elle. »

« Et alors, qu'est-ce qui se passe ? Tu ne lui dis pas bonjour ? Vous êtes si proches... », me dit-elle et pour la première fois, je remarque une petite pointe de jalousie dans sa voix.

Ce n'est pas possible, je veux descendre, je veux rentrer chez moi, je veux me regarder dans le miroir et rester immobile pendant au moins une heure. J'aurais dû partir tout de suite pour Paris, suivre les papillons et c'est tout. Je voudrais vraiment avoir mal au bras, pour sortir mon foulard de mon sac et le mettre autour de mon cou. Je veux que tout le monde m'aide, je veux qu'Ale arrête de me parler de Sofia et du prof d'allemand et je veux parler à Sofia. J'ai horreur de la voir là et de ne pas pouvoir lui parler, j'ai horreur de devoir tout raconter à Ale ! J'ai horreur...

J'ouvre les yeux et je vois un groupe de personnes autour de moi. Je réalise que je suis assise sur les sièges du quai de la station de métro, avec Ale et

Sofia près de moi, qui sont devenues blanches de frayeur.

« Mais pourquoi tu t'es de nouveau évanouie ? Ça va ??? », me demandent-elles en chœur.

« Je ne me souviens pas… j'ai mal au bras », je réussis à répondre, encore étourdie.

« Allez, arrête avec cette histoire de bras ! », plaisante Ale, en essayant de dédramatiser la situation et en provoquant un regard foudroyant de la part de Sofia, mélange de colère et de déception et tentative de le réprimer, vu la situation. C'est elle qui intervient : « essaie de le bouger. »

« Rien à faire, il me fait vraiment mal… »

« OK, on doit aller à l'hôpital, il vaut mieux contrôler ça tout de suite. » Heureusement qu'il y a le pragmatisme de Sofia en ce moment ; je ne veux pas y aller, mais il vaut mieux ne pas faire d'autres histoires.

« Non, je t'en prie, vous avez vos cours, je ne veux pas que vous les perdiez pour moi. »

« Ne sois pas ridicule ! D'ailleurs, il est encore tôt. Allez, on y va ! », continue Sofia.

« Agathe, excuse-moi, mais tu sais que dès que je pose un pied dans un hôpital, je m'évanouis. Je ne voudrais pas créer d'autres problèmes. Je t'appelle plus tard, excuse-moi ! »

Et elle disparaît, avant que Sofia et moi n'ayons eu le temps de lui dire au revoir.

« Super amie… », commente Sofia à voix basse, en pensant peut-être que je ne l'entends pas, vu que je suis un peu étourdie.

« Vous avez besoin d'un coup de main, les filles ? », nous demande quelqu'un, pendant que Sofia m'aide à me relever et que la plus grande partie des curieux sont déjà retournés à leur vie. La personne qui nous propose son aide est une dame plutôt âgée, avec un très beau visage, de magnifiques yeux verts, un excellent port et une voix très chaude.

« Merci, Madame, vous êtes très gentille. Je veux bien que vous m'aidiez juste à l'accompagner dehors. Je ne voudrais pas qu'elle s'évanouisse de nouveau », accepte Sofia avec joie, récompensée de la disparition de ma soi-disant meilleure amie.

« Avec plaisir. »

Pendant que nous nous dirigeons vers la sortie, elle continue : « je peux vous demander ce qui s'est passé ? »

« Elle, c'est Agathe et c'est la deuxième fois qu'elle s'évanouit en l'espace de quelques jours. Elle a passé tous les examens et tout semble aller bien, mais aujourd'hui, en plus, elle s'est fait mal au bras. Voilà pourquoi je l'amène à l'hôpital. »

« Oh, j'ai compris. Agathe, tu t'appelles Agathe ? J'ai bien entendu ? »

« Oui », je réponds timidement.

« Moi aussi j'ai un prénom français, je m'appelle Justine. Je viens de Paris. »

« Ravie de vous rencontrer, Madame. Moi par contre, je viens d'Antibes, mais je vis ici depuis que j'ai trois ans », je réponds, pas vraiment sûre de vouloir me lancer dans cette conversation.

« Je peux vous accompagner à l'hôpital ? », nous demande la dame, une fois sorties.

« On ne voudrait pas vous embêter à ce point », je réponds poliment.

« Ce serait avec plaisir. »

Nous nous mettons en route toutes les trois et, une fois arrivées à l'hôpital, elles me font asseoir en attendant de passer les radios. Mais Sofia semble quelque peu impatiente.

« Mince, Sofy, aujourd'hui, il y a le deuxième laboratoire !! », je me souviens tout à coup.

« Ne t'inquiète pas. Tu sais à quel point je tiens à toi et à ta santé. »

Je suis honorée et gênée en même temps, même par la présence de Madame Justine, qui entend évidemment chaque mot.

« Je sais, et je t'en remercie, mais tu dois y aller, comme ça tu me raconteras ! Désormais, je suis ici, je suis en sécurité. »

« Ma chère, si tu dois y aller, vas-y. Je vais rester ici avec ton amie. Je n'ai pas vraiment grand-chose à faire… », intervient Justine, avec une note en bémol de mélodie mélancolique.

Sofy me regarde, un peu inquiète et anxieuse de partir. Elle ne voudrait pas se comporter comme Ale, j'en suis sûre. Je lui lance un coup d'œil fermement rassurant.

« Tu me passeras tes notes, je compte sur toi. »

« T'inquiète ! » Elle m'embrasse sur la joue, dit au revoir à la dame et s'en va.

« Tu as de la chance d'avoir une amie comme ça, ce n'est pas facile d'en trouver. »

« C'est vrai… »

Je m'excuse un instant et préviens ma mère pour qu'elle me rejoigne ici. Toujours plus inquiète, cette dernière me répond qu'elle va accourir.

« Tu as très mal au bras ? », s'inquiète Madame Justine.

« Je ne le sens presque plus… J'espère qu'on me fera passer la radio bientôt. Mais si vous devez y aller, je peux attendre toute seule que ma mère arrive. »

« Ça me fait vraiment plaisir de rester. »

« Vous habitez loin ? »

« À Loreto, je suis à côté. »

« Vous habitez à Milan depuis longtemps ? »

« C'est une longue histoire et tu ne vas pas bien, je ne voudrais pas t'ennuyer. »

« Non, ça me ferait plaisir d'entendre parler de la France, de Paris. J'y suis allée plusieurs fois et je reconnais que ça me manque un peu. »

« D'accord, tu peux m'interrompre quand tu veux… », confesse-t-elle, tout en humilité.

Je souris.

« Je vis à Milan depuis vingt-cinq ans, depuis que mon mari a été muté pour le travail. Je viens d'Antibes, j'y suis restée jusqu'à l'âge de vingt-neuf ans ; ensuite, j'ai déménagé à Paris avec ma famille, à cause du travail de mon père et c'est là que j'ai rencontré mon mari. C'était déjà très inhabituel pour quelqu'un de se marier à cet âge-là, presque inconcevable dans le sud de la France, à cette époque. Mais pas à Paris. À Paris, tout est possible ; bref, nous nous sommes mariés, nous avons vécu là-bas pendant quatorze ans, puis, nous avons " atterri " à Milan. J'avais une amie à Antibes, elle s'appelait Emma. Nous étions si proches, je me souviens d'elle comme si c'était hier. Nous avons passé toutes ces années de notre vie ensemble. »

« Je ne suis plus retournée à Antibes, depuis que j'ai déménagé en Italie, donc, depuis mes trois ans, comme je vous l'ai dit. C'est une belle ville ? », je demande, en commençant à être intriguée ; avec mes parents, nous ne parlons jamais de cet endroit. Ils n'y sont plus jamais retournés. Trop de souvenirs, trop de peurs, trop d'angoisse. Moi, je voulais y aller, mais ils ont toujours trouvé le moyen de m'en empêcher, plus ou moins inconsciemment.

« Toute cette partie de la France est belle. Lumineuse. Quand on se trouve là-bas, on est entouré par cette lumière magique, on a l'impression que la mer a volé le soleil au reste du monde, pour ne refléter ses rayons que sur cette Côte. Et on est envahi par la chaleur, la brise, les couleurs des fleurs. Tout le monde y vit tranquillement, sans courir comme ici. »

« Quelle magnifique description ; ça me donne envie d'aller la visiter. »

« Et puis, les vieilles villes sont un plongeon dans le passé. Je n'y ai plus remis les pieds non plus, mais j'aimerais y retourner un jour. J'aimerais visiter de nouveau ces lieux. Trente-cinq ans, c'est un bon bout de temps. À propos, tu as quel âge, toi ? »

« Vingt-et-un ans. Je suis étudiante en psychologie, ici, à Milan. »

« Mon amie Emma avait aussi commencé à faire des études à l'université, mais ensuite, elle n'a pas terminé. Elle en a beaucoup souffert. »

« Vous êtes restées en contact ? »

« Je n'ai plus aucune nouvelle d'elle. J'ai appris qu'elle avait eu une fille, mais je ne l'ai jamais vue. Je ne pense pas qu'elle ait jamais quitté Antibes. Qu'est-ce que j'aimais sa maison ! Bohémienne, soignée, une petite maison avec un jardin à proximité de la mer. Nous y avons passé nos meilleurs week-ends ! Je me souviens qu'Emma aimait énormément jouer à se déguiser : elle avait collectionné une multitude de costumes. Deux grosses boîtes pleines. Nous devions avoir vingt ans et nous jouions à ce jeu depuis des années, c'était son jeu préféré. Elle arrivait à se transformer en tout ce qu'elle voulait, à changer complètement d'apparence. Elle devenait autre chose et elle s'amusait beaucoup à se maquiller et à me maquiller. Je la regardais faire, je pouvais voir l'adrénaline lui traverser tout le corps, c'était un vrai puits d'idées. Ses parents travaillaient, et à cette époque, son frère avait déjà déménagé dans la capitale avec sa femme. Elle m'invitait souvent à passer les après-midis chez elle. Nous étions terriblement différentes. Elle, expansive, souriante et toujours en mouvement ; moi, ayant plus besoin de calme et de moments de silence. Mais, dès que nos regards se croisaient, nous commencions à nous sourire et nous finissions par mourir de rire ; parfois, au contraire, nous parlions de nous, de ce qui nous arrivait et nous ne nous fatiguions jamais l'une de l'autre. Elle mettait de la musique et elle donnait le feu vert au pur divertissement. Qu'est-ce qu'elle me faisait rire ! Elle avait toujours une boutade de prête, parce qu'elle disait qu'elle voulait me voir sourire : elle serait même allée jusqu'à inventer des choses pour me faire rire !

Une fois, elle avait décidé que nous devions nous déguiser en couple et nous balader dans les rues de Cannes, sur la Croisette, pour voir si nous arrivions à ne pas nous faire démasquer. Emma avait récupéré des vêtements que son frère avait laissés à la maison, avant de partir. Elle avait réussi à les adapter à sa silhouette et ils lui allaient comme un gant. Ce jour-là, elle avait disparu dans la salle de bains pendant une bonne demi-heure. Une fois réapparue dans la pièce, on aurait dit que son frère était rentré à la maison à l'improviste. J'étais impressionnée par la ressemblance. De cette pièce, était apparu un très beau garçon. Emma avait attaché ses très longs cheveux en un chignon, qu'elle avait enfilé sous un chapeau noir. Costume très élégant, chemise blanche, elle me regardait, une expression très sérieuse sur le visage, comme pour se donner des airs de gentilhomme. Puis, sans changer d'expression, elle m'avait dit : « maintenant, c'est ton tour, ma chère. Tu as vu quelle belle robe j'ai fait acheter pour toi ? Pourquoi tu ne l'essaierais pas et tu ne te ferais pas belle pour moi ? »

Je la regarde d'un air étonné ; je ne me serais jamais attendue à une histoire de ce genre. Soudain, cette dame élégante et plutôt classique, prend un air très jeune, amusant grâce à son expression enjouée, à ses yeux qui pétillent pendant son récit. Elle est ensorcelante.

« Excuse-moi, Agathe, je me suis laissé emporter par l'enthousiasme, je t'ennuie peut-être… », dit-elle en interrompant son récit, peut-être en interprétant mal mon regard.

« Non, pas du tout. C'est un plaisir de vous écouter », je lui réponds, anxieuse qu'elle me raconte la suite.

« Bien », reprend-elle, en éveillant toujours plus ma curiosité. « Emma avait trouvé une magnifique robe verte, ma couleur préférée, et elle me l'avait fait porter. Je faisais la même taille que sa mère, qui l'avait mise de côté, parce qu'elle la considérait trop vieille, peut-être parce qu'elle l'avait déjà portée lors de trois occasions mondaines différentes. Elle savait déjà comment elle m'irait. Elle m'avait maquillée et coiffée, et moi je la laissais faire. Je n'avais pas le choix, elle était irrésistible. Je me souviens qu'elle m'avait regardée de ses yeux verts magnifiques et souriants et qu'elle m'avait dit : « tu es superbe, je t'emmène te balader sur la Croisette, ma chère. » Et en parfait " gentilhomme ", elle m'avait accompagnée, en me donnant le bras, et nous nous sommes promenées, en regardant la mer, en scrutant le regard des autres, en essayant de deviner s'ils remarquaient qu'il y avait quelque chose qui clochait... Personne, aucun regard étrange, puisqu'Emma se comportait vraiment comme un homme. Nous avons même fait la connaissance d'un couple d'Anglais et nous avons pris le thé avec eux sur la plage. Ils nous ont raconté leurs vacances sur la Riviera, en s'adressant à nous comme si on était un vrai couple homme-femme. Pour l'occasion, Emma s'est fait appeler Stéphane. Je n'ai jamais autant ri ! Les pauvres, s'ils avaient su ! »

Justine termine son récit par un rire retentissant, capable de sceller un aussi beau souvenir, qui ne laisse pas de place à la nostalgie, mais qui remplit encore ses journées de joie, au lieu de l'attrister à cause du temps qui est désormais passé. Quand quelque chose est si authentique, ça reste toujours authentique et charmant.

« Madame Justine, c'est b... », je commence à commenter, en ne sachant pas vraiment quoi dire.

« Agathe !!! Qu'est-ce qui s'est passé ??! », m'interrompt brusquement ma mère. Je ne l'avais pas vue arriver, étant captivée par le récit de ma compagne d'attente.

Je regarde ma mère, puis rapidement Madame Justine, en espérant qu'elle comprenne de me laisser la parole. Je vois qu'elle me sourit et je pense à quel point il est parfois incroyable de chercher, et surtout de trouver, de la complicité chez les personnes à peine rencontrées.

« Je suis tombée dans le métro et je me suis fait mal au bras, donc Sofia et cette gentille dame m'ont accompagnée ici. J'attends de descendre pour les radios. Sofia est allée en cours pendant que Madame Justine m'a tenu compagnie jusqu'à maintenant », j'explique d'un seul coup, en portant toute l'attention du dialogue sur le fait que l'on m'ait accompagnée.

« Enchantée Madame, je suis Olga, la maman d'Agathe », se présente poliment ma mère, qui comprend que " nous ne sommes pas seules ici " et qui se sent donc presque obligée de contenir sa frayeur.

« Enchantée, je m'appelle Justine », répond-elle de son ton calme.

« Merci d'avoir aidé ma fille », s'exclame hâtivement ma mère, sur un ton qui inviterait quiconque à s'en aller.

« J'ai bien aimé discuter avec votre fille », puis, s'adressant à moi : « appelle-moi, comme ça tu me diras comment tu vas ! Je te laisse mon numéro de téléphone », termine-t-elle, en me tendant une carte de visite, que je range dans la poche de ma veste, sans même la regarder.

Elle prend congé et ma mère est libre de lancer l'interrogatoire.

« Tu t'es encore évanouie, n'est-ce pas ? »

« Maman, arrête ! »

« Allez, dis-le-moi, je veux comprendre, ne me fais pas m'inquiéter comme ça ! »

Je suis sauvée par l'infirmier qui se dirige justement vers moi et me demande de le suivre pour les radios.

10. JE VOULAIS ÊTRE L'UN D'EUX

Je suis dans le vestiaire attenant à la salle des radiographies, où on m'a fait m'installer, pour me déshabiller, en attendant mon tour. Je veux dissimuler la douleur au bras, mais en réalité j'ai envie de hurler. pendant que je range mes vêtements sur le tabouret, je remarque un papier par terre, je le ramasse et me rends compte qu'il s'agit de la carte de visite de Madame Justine. Tombée de ma veste ! Je suis contente de ne pas l'avoir perdue, j'ai vraiment envie de la revoir. Je suis sur le point de la ranger dans ma poche, lorsque je m'aperçois qu'au verso, figure une inscription, qui dit :

J'arrive parfois à percevoir certains de tes gestes silencieux qui se font miens et nôtres. Et cela me fait sourire dans le silence de nos dialogues. Penser à toi me fait penser que je peux rester moi-même. E.

Pas de date, juste un frisson qui parcourt tout mon dos, à la lecture de ces mots qui doivent être d'amour, même si le mot *amour* n'est pas du tout employé. On peut deviner que ces mots ont été écrits plusieurs années auparavant, grâce à l'encre décolorée et à une écriture de celles que l'on peut lire dans les vieux livres, de celles des écrivains du XIXe siècle, en italique allongé, comme l'appelle toujours Sofia. Je réfléchis quelques instants à ces mots.

« Mademoiselle D'Andrea, je vous en prie. » Avec un petit sursaut, mes pensées sont interrompues par la voix métallique, qui sort du haut-parleur accroché tel un tableau dans le vestiaire. Encore confuse par la phrase que je viens de lire et que je ne m'attendais pas à découvrir, je fais attention à bien ranger la carte dans ma veste et j'entre dans la " salle de la vérité ".

« Fracture de l'avant-bras gauche, plâtre immédiat. » Voilà ce que j'entends à mon réveil. J'ai dû m'endormir. Je vois le médecin qui explique tout en détail à ma mère. Je referme les yeux, je n'arrive pas à croire que je me retrouve encore dans cette situation.

« Votre fille s'est évanouie pendant qu'elle se trouvait dans le vestiaire des radiographies, Madame, et nous voudrions donc vous poser quelques questions, afin d'en savoir plus. Ça lui arrive souvent de s'évanouir ? »

« Dernièrement, ça lui est arrivé une fois… peut-être deux. On lui a déjà fait passer tous les examens et il n'y a rien d'anormal. Alors, les médecins m'ont proposé de lui faire faire dix séances chez une psychologue. Évidemment, elle n'aurait jamais accepté, on a donc trouvé le moyen de l'y obliger. »

Une larme coule dans ma gorge, mais je garde les yeux fermés.

« Ah, d'accord Madame, c'est exactement ce que je voulais vous proposer, moi aussi. Vous verrez, vous avez pris la bonne décision. »

« Je l'espère, je n'aime pas ce que j'ai fait, mais il n'existe pas de fille plus têtue que la mienne. La dernière fois que je l'ai vue pleurer, c'était quand je lui ai annoncé qu'on l'avait adoptée ; elle n'avait pas encore cinq ans. Depuis, elle s'est enfermée dans un silence total par rapport à ça et à d'autres sujets. Je voudrais qu'elle ait une vie pour ainsi dire normale, qu'elle ait une amie, un fiancé mais je pense au contraire qu'elle est seule. Elle a voulu aller vivre toute seule pour être indépendante, mais j'ai l'impression qu'elle est encore plus seule comme ça, malgré le fait qu'elle raconte d'avoir un tas d'amis. Je n'ai pas de liens de sang avec elle, mais je l'aime comme si je l'avais vraiment portée en moi, je n'ai jamais pensé de choses du genre : " Elle n'est pas vraiment ma fille " ou ce que l'on entend autour de nous de la bouche des parents des enfants adoptés. À partir du moment où nous l'avons prise dans nos bras, j'ai toujours été heureuse, toujours. »

Je ne veux pas ouvrir les yeux, je ne peux pas dire de ne pas être heureuse après avoir entendu ces mots, mais le mensonge qu'elle m'a raconté sur la psychologue est assez grave. Une fois de plus, ça me laisse penser qu'elle ne croit pas en moi, qu'elle ne voit pas que j'ai grandi et que désormais, je peux prendre au moins quelques décisions importantes par moi-même. Peut-être devrais-je lui faire comprendre que je l'aime vraiment, que je la considère comme ma vraie mère et que cela fait longtemps que c'est ainsi, même si par moments, je serais curieuse de savoir comment aurait été « l'autre vie. » Mais ça s'arrête là. Peut-être devrais-je commencer à lui parler de moi. Mais comment faire ?

« J'ai compris, Madame. Tout se passera bien, vous verrez. On attend qu'elle se réveille pour la plâtrer, et ensuite, on vous laissera rentrer chez vous », conclut le médecin.

« Merci docteur, vous avez été très gentil. »

Je ne ressens plus rien. Un vide.

« Tu as le regard triste, Agathe, ou je me trompe ? », me demande la psychologue à la séance de la semaine suivante.

« J'ai mal au bras. J'ai fait ce que vous m'aviez dit, j'ai fait semblant de ne pas avoir de bras gauche pendant vingt-quatre heures et j'y suis même arrivée. J'ai perdu une bonne amie et pour la retrouver, j'ai vraiment dû me casser le bras. Et maintenant, ça va être bien pire que vingt-quatre heures sans un bras. Et le week-end dernier, j'aurais dû aller à Paris. Au lieu de ça, me voilà ici », je réponds à la psychologue engagée par ma mère pour me sauver la vie, d'un ton assez contrarié.

« Je suis désolée, mais comment c'est arrivé ? », me demande-t-elle.

« Je suis tombée dans le métro… mais de toute façon, vous devez déjà le savoir. Je me suis évanouie dans le métro. » Je lui dis la vérité. Désormais, je rends les armes. De toute façon, il se peut que ma mère parle aussi avec cette personne au téléphone. Et moi qui pensais pouvoir enfin faire confiance à quelqu'un.

« Pourquoi je devrais le savoir ? », me demande-t-elle, un peu étonnée.

Désormais, je ne sais même pas pourquoi, mais je lui avoue tout. Je crois d'ailleurs n'avoir rien d'autre à lui dire : « parce que j'ai entendu ma mère dire au médecin de l'hôpital que c'était elle qui avait fait pression pour cette psychothérapie, mais en me faisant croire que cette décision avait été entièrement prise par les médecins. Maintenant, je me sens bête d'avoir cru à une chose pareille. Et peut-être que ma mère et vous, vous vous appelez pour parler de moi », j'explique au bord des larmes.

« Non, attends. Je ne sais absolument rien de tout ça. C'est l'hôpital qui m'a appelée en me disant qu'une jeune fille viendrait, qu'elle avait eu un épisode d'évanouissement, mais qui ne s'expliquait pas. Je t'avoue que j'ai même objecté qu'une psychothérapie de dix séances pour un évanouissement me semblait exagérée, mais ils ont insisté. Mais personne, je te jure que personne, n'a jamais mentionné ta mère. Sinon, je n'aurais pas accepté », me répond-elle, sans détourner son regard du mien ; elle semble être vraiment sincère.

Je lui fais confiance. S'il y a une chose que j'ai apprise, c'est que la confiance ne se décide jamais, elle se manifeste et c'est tout. La confiance n'est pas une valeur ; si on n'a pas confiance, c'est que c'est mieux ainsi, c'est mieux pour nous, même s'il n'y a pas de raisons réelles à ça. Si on a confiance, c'est que c'est mieux ainsi, pour la même raison. Et j'ai confiance en elle.

« D'accord, je vous crois. »

« Et puis, n'oublie pas que, même si c'était le cas, nous sommes tenus au secret professionnel. Tu es majeure, je ne peux donc absolument pas révéler les choses que l'on se dit entre ces murs, même pas à tes parents. Ni même les choses que tu me dis ailleurs. Tu devrais le savoir, on est presque collègues », m'explique-t-elle, en me faisant un clin d'œil.

Un sourire m'échappe et j'avoue : « effectivement, je n'ai pas beaucoup suivi les cours dernièrement. »

« Tu as changé d'avis sur ta faculté ? »

« Non, non. Je me suis évanouie, l'hôpital, le bras, je n'arrive pas à me rendre sereinement à l'université. »

« Tu te sens capable de répondre à quelques questions, maintenant que tu sais que je ne suis pas la complice de ta mère et que tu as le choix de sortir par cette porte même maintenant, de ne plus me voir et de choisir un autre psy ? », demande-t-elle, en me convainquant toujours plus.

« D'accord, je reste. »

« Parfait. Parle-moi un peu de tes amis. Tu en as à la fac ? »

Je lui parle en détail d'Ale, de Mattia et de Sofia. Je lui dis aussi que j'aime les voir séparément, que je n'aime pas beaucoup les groupes composés d'un grand nombre de personnes, mais que je préfère les relations à deux, celles où l'on peut parler, rire et plaisanter, sans difficultés.

Elle me demande quelles sont ces difficultés.

« Les jugements qui naissent inévitablement quand deux personnes ou plus se coalisent dans une idée différente de la nôtre. Je le fais moi aussi, alors, je préfère éviter et quand ces situations de groupe se présentent, par exemple lors d'un déjeuner à l'université auquel je suis obligée d'aller pour ne pas être considérée comme une asociale, je me retrouve souvent à faire l'asociale, parce qu'ils ne comprennent pas ce que je raconte. Je suis très sélective et je ne parle qu'aux gens à qui j'ai envie de parler. »

« Je m'estime chanceuse, alors », plaisante la psychologue.

Je me limite à sourire, quelque peu gênée. Je ne m'étais pas rendu compte que je parlais de moi.

« Parlons un peu de ce qui t'est arrivé au bras. Tu as fait semblant de ne pas avoir de bras gauche, non pas par choix, mais simplement parce que je te l'ai dit, parce que c'est l'une de tes peurs inconscientes. Toi, tu as juste choisi d'obéir. Par conséquent, tu n'étais pas à l'aise face à cette situation, que tu ne ressentais pas comme quelque chose qui t'appartient. Tout à l'heure, pendant que tu me parlais de Sofia, tu m'as dit qu'elle avait compris que quelque chose clochait, que tu étais bizarre. Tu vois, Sofia est sûrement une personne qui est très proche de toi et qui veut probablement te protéger et t'aider. Essaie de cultiver cette amitié. Il ne s'agit pas d'être sélectif, mais ce sentiment est effectivement assez rare. Bien, revenons-en au plâtre : tu as vécu cette expérience avec tant d'anxiété, d'embarras et de gêne que, selon la loi de l'attraction, ton esprit a attiré cette situation et tu t'es vraiment cassé le bras. Et maintenant, tu vas vraiment devoir faire l'expérience de ne pas pouvoir utiliser ton bras pendant un bout de temps, parce que ces vingt-quatre heures ne t'ont probablement pas servi à comprendre ce que tu devais comprendre. »

« Et qu'est-ce que j'aurais dû comprendre ? », je demande, en espérant passer à autre chose au plus vite.

« Ce n'est pas moi qui peux répondre à ça. Je peux seulement t'aider à le comprendre. Je peux juste te dire, comme j'y ai déjà fait allusion, que Sofia voulait t'offrir son aide et qu'elle continuera à te l'offrir, bien que tu lui aies refusé la possibilité de le faire. Essaie de faire moins attention aux apparences et à la gêne et essaie simplement d'écouter, même sans répondre, ce qu'a à te dire et à te donner cette personne, qui sait te comprendre. Tu as tout à y gagner. »

« OK… »

« Essaie de me dire ce qui s'est passé avant de t'évanouir et de tomber. »

Je lui parle du pantalon beige, de la rencontre avec Ale, avec Sofia, mais les images sont toutes mélangées, je ne me souviens plus, tout est embrouillé ; « Je me souviens juste que je voyais mes jambes beiges dans la vitre du distributeur de café du métro et ça m'obsédait. Je me retournais et je ne voyais que des jambes beiges qui avançaient et reculaient, qui couraient tandis que les miennes étaient toujours immobiles. Je ne sentais plus mon corps. Même quand j'ai bougé pour rentrer chez moi, pour atteindre les escaliers, ce n'était pas moi qui courais, mais le corps d'une autre personne, qui cherchait à s'enfuir. Ensuite, Ale m'a dit bonjour et alors, c'est comme si elle m'avait réveillée ; mais à ce moment-là, elle a réveillé l'autre corps ; celui des vêtements neufs et bizarres. Le fait d'avoir croisé Sofia n'a fait que tout empirer et ensuite, je ne me souviens plus de rien. »

« Tu avais peur ? »

« Oui », j'avoue.

« Tu saurais me dire de quoi ? »

« De mon corps. De ne pas arriver à rester dedans. »

« Tu n'aimes pas ton corps ? »

« Non. »

« Et à Paris, il te plaît ? »

« J'aime tout à Paris. »

« Qu'est-ce qu'il y a à Paris que tu ne trouves pas ici ? »

« Personne ne vous regarde comme on vous regarde ici. Personne ne voit votre pantalon beige, vos hanches larges ou n'importe quelle autre partie de votre corps. C'est comme si, ici, on vous faisait toujours penser à la façon dont est fait votre corps. Comme s'il y avait un contrôle quotidien de l'état de votre corps et de votre affinité plus ou moins grande avec la mode. Ici, tout le monde vous regarde. À Paris, c'est l'âme qui marche, pas le corps. »

« Donc, tu penses que c'est le regard des autres qui fait que tu n'apprécies pas ton corps ? »

« Du moins en bonne partie. »

« Et l'autre partie ? »

« L'autre partie, c'est le miroir. Quand je suis sur le point de sortir de chez moi, je dois m'arrêter au moins dix minutes devant le miroir, parce que le reflet que je vois n'est pas le même que celui que j'ai en tête. »

« Tu saurais décrire ce que tu as en tête ? »

Je me bloque, je n'avais pas prévu de parler de ça. Personne ne le sait, je n'ai pas envie de le dire. Mais à qui le dire, si ce n'est à elle ? Puis-je le cacher éternellement ?

« L'image d'un garçon mince. » Les mots sortent tout seul, alors que je suis encore en train de me demander s'il vaut mieux le dire ou éviter de le dire.

« Tu te sens homme dans ton corps et dans ta tête ? »

« C'était mon plus grand souhait quand j'étais petite. J'aurais tout donné, pour me réveiller un matin dans la peau d'un garçon. »

« Et maintenant ? »

« Maintenant, je ne donnerais pas tout, mais je ne nie pas que j'y pense souvent. J'observe les garçons, ils me plaisent et j'aimerais vraiment être l'un d'entre eux. »

« Qu'est-ce que ça changerait dans ta vie ? »

« Rien, c'est moi qui changerais », je réponds, en m'étonnant moi-même de tant d'assurance, que je n'ai jamais eue.

La psychologue aussi reste silencieuse pendant un instant.

« Alors, essaie de faire ça... »

« Non, je vous en prie, j'ai déjà un bras de cassé, ne me faites plus faire des choses difficiles... », je l'interromps, inquiète.

Elle sourit et me rassure : « du calme, je t'explique, c'est quelque chose que tu peux très bien faire chez toi. Tu prends une grande feuille et tu écris – QU'EST-CE QUE JE FERAIS AUJOURD'HUI SI

J'ÉTAIS UN GARÇON ? – Ensuite, tu notes trois choses en dessous. Puis, tu écris de nouveau – COMMENT JE ME SENTIRAIS EN FAISANT CHACUNE DE CES TROIS CHOSES – et tu dresses la liste de tes émotions. Et ce, une fois par jour, jusqu'à notre prochain rendez-vous. Tu peux le faire pendant sept jours ? »

« Oui, je le peux. »

« Bien. Autre chose : tu devais partir en week-end à Paris avec quelqu'un ? »

« Non, toute seule, je voulais rendre visite à Milo et à sa famille ; c'était ma famille d'accueil pour les échanges scolaires et on est resté en contact », je lui explique calmement.

« Il doit être spécial, ce Milo », me répond-elle.

« Pourquoi ? », je demande amusée.

« Parce que tes yeux ont brillé quand tu as prononcé son nom. »

« Vraiment ? »

« Oui. Je compte sur toi pour lui rendre visite dès qu'ils t'auront enlevé ton plâtre. Ou bien tu peux y aller tout simplement, même avec le plâtre. Selon moi, tu peux y arriver. »

« Et comment je fais avec ma mère ? Elle dit que je dois aller chez eux, elle ne veut pas me laisser seule à Milan, alors, ne parlons pas de Paris. »

« Parle-moi un peu d'elle. Comment se comporte-t-elle avec toi ? Elle est toujours aussi protectrice ? »

« Oui. Elle me contrôle trop et si je lui dis, elle s'énerve. Elle dit qu'elle cherche le dialogue avec sa fille, que ça, c'est son idée de la famille. »

« Donc, j'imagine que dans sa famille d'origine, on ne se comportait pas comme ça... »

« Comment vous faites pour le savoir ? »

« Ce n'est pas elle qui me l'a dit, si c'est ça qui t'inquiète encore. C'est que, généralement, une mère a tendance à se comporter différemment avec ses enfants par rapport au comportement qu'avait sa mère avec elle dans le passé. Ce qui ne va pas dans ce comportement, c'est qu'on ne le fait pas naturellement, parce qu'en réalité, il est entièrement construit. Au fond, on voudrait se comporter comme notre mère l'a fait avec nous, mais pour maintenir la position que l'on a décidée bien des années auparavant et qui revient généralement à se dire *moi, je ferai le contraire de ce que toi, tu as fait avec moi*, on garde cette mauvaise stratégie, sans même se rendre compte que l'on se blesse avant tout soi-même. Sans doute se sent-elle presque obligée de te contrôler. C'est probablement un mécanisme qui se transmet depuis des générations. »

« Mais je ne suis pas née d'elle. »

« Tu as été adoptée ? »

« Oui, exactement », dis-je en le regrettant, avant même d'avoir prononcé ces mots. Je n'ai pas envie de parler de ça. Il n'y a pas âme qui vive à qui j'en parlerais.

« Tu veux en parler ? »

« Non », je réponds sèchement.

« Très bien, Agathe, si et quand tu le voudras, tu le feras toi-même. »

« Merci », je réponds contente de sa compréhension et aussi de son point de vue.

« Je te pose une dernière question. Si tu pouvais faire quelque chose qui te plaît maintenant, n'importe quoi, ce serait quoi ? »

« J'irais à Paris. »

« Alors, à partir d'aujourd'hui, tu as une mission, beaucoup plus agréable que celle du bras. Tu dois faire une chose qui te plaît au moins une fois par semaine. Ça nous permettra de déplacer la loi de l'attraction vers un champ positif, plutôt que vers un champ négatif. Tu te sens capable d'aller à Paris 'avec un seul bras' ? »

« Moi, oui. »

« OK, alors il faut que tu y ailles, il te reste à convaincre tes parents. Trouve un moyen et vas-y. Sur ordre du médecin », me conseille-t-elle, en me faisant de nouveau un clin d'œil qui déclenche un autre sourire inévitable de ma part.

« Au revoir, amuse-toi bien. On se voit la semaine prochaine ! », ajoute-t-elle en se levant, en mettant fin à notre rendez-vous par un très beau sourire.

11. JE CHERCHE LE PARFUM BLEU CLAIR DE LA MER

Un peu troublée, j'ignore si par mon aveu ou par le sang-froid dont a fait preuve la psychologue en me proposant le nouveau défi hebdomadaire, j'ouvre le petit portail du cabinet pour sortir et je me retrouve au cœur de Milan. Je repense immédiatement à l'épreuve à laquelle j'ai dû me soumettre la semaine précédente et, il n'y a pas de doute, la nouvelle question me semble bien plus intéressante.

L'air est tiède ce soir, je rentre chez moi à pied, je ne suis pas pressée et je n'ai rien à faire. J'éprouve un étrange sentiment de bien-être, étranger à ces jours sombres et orageux, et j'essaie d'en profiter un peu. Démarche tranquille, mon fidèle *Tiziano Ferro* dans la poche, je m'arrête pour regarder la vitrine d'une parfumerie, sur les notes de *Hai delle isole negli occhi7*. À gauche, règne la couleur rose : flacons de parfum roses, affiche avec un mannequin sur fond rose, fleurs de tout type, dessins. À droite, le bleu : le mannequin pose sur une plage ou sur le dessin d'une plage, la mer, des parfums qui donnent envie de plonger dans l'eau. À un moment donné, je tombe sur mon reflet tant redouté, mais je ne m'arrête pas sur mon corps, juste sur mon visage qui… est en train de sourire. Je ne souris presque jamais, du moins quand je suis seule. Mais aujourd'hui, si. J'adore les parfums ; je crois que l'odorat est le sens qui me fait le plus replonger dans mes souvenirs, qui me renvoie le plus à des situations passées, auxquelles, autrement, je ne penserais plus ou presque... Tantôt, c'est un bien, tantôt, un mal. J'entre dans la parfumerie et je décide qu'il est temps de changer de parfum. J'en veux un qui me fasse penser à la mer et me donne la sensation, en fermant les yeux, de plonger dans l'eau chaque fois que je le vaporiserai sur ma peau.

« Je peux vous aider ? », me demande la vendeuse.

« Je cherche le parfum bleu clair de la mer », je réponds, en rougissant, car je comprends que j'ai laissé parler mes pensées sans avoir préparé mon discours le moins du monde. Trop tard pour sortir ? Oui.

« Pardon ? »

---

7   " Tu as des îles dans les yeux "

« Excusez-moi, je cherche un parfum masculin, plutôt sec. Enfin, je ne sais pas bien comment l'expliquer ; il faut juste qu'il ne soit pas sucré. »

« Pas de problèmes, je vais vous faire sentir quelque chose. Suivez-moi. »

Je m'exécute. " Mais qu'est-ce que je fais ici ? ". Soudain, j'ai l'impression de m'être à peine réveillée d'un sommeil, rempli de rêves. Les parfums que je vois sont les protagonistes, tels un grand nombre d'instruments de musique, posés sur les chaises, qui attendent d'être joués par leurs musiciens, et la vendeuse est le chef d'orchestre. Et moi, je suis sur scène par pure erreur. Il est de nouveau trop tard pour sortir. Je choisirai le premier parfum qui me tombe sous la main et je sortirai dans la rue, où le sourire que j'ai à peine laissé, collé à la vitrine de cet endroit, m'attendra, je l'espère.

Après avoir choisi le parfum le plus sec au monde, je passe à la caisse et sors le plus vite possible. Je n'ai plus retrouvé mon sourire. Je décide de marcher un peu plus rapidement et de me diriger vers chez moi, où je dînerai et passerai l'une de mes soirées, seule. Là, j'en ai vraiment besoin.

« Bonjour, maman. »

« Bonjour, ma chérie. J'ai pensé que tu ne pourrais pas cuisiner avec ce bras, alors, je t'ai apporté quelque chose à manger. »

« Mais tu n'aurais pas dû te déranger, je peux y arriver. » J'ignore si je peux vraiment y arriver, mais je suis allée chez la psychologue toute seule, je suis sortie toute seule, j'ai acheté un parfum sans savoir pourquoi toute seule. Alors, je pense pouvoir préparer un peu de pâtes.

« Voilà tout, je t'aide à monter les choses. Qu'est-ce que tu as acheté ? »

« Un parfum, pour papa. Il me plaisait, donne-le-lui toi ! », dis-je en renonçant au désir de porter quelque chose de masculin ce soir ; et en mentant, sans même rougir. Je n'aime pas me comporter de la sorte, mais je ne veux pas avoir l'air plus folle que ce qu'ils croient déjà. « À propos, il va bien ? »

« Comme d'habitude. Tu viens chez nous, ce week-end ? Comme ça, tu ne forceras pas ton bras. »

« Je vais à Paris ce week-end. »

« Et comment voudrais-tu y aller avec ton plâtre ? »

« Certaines personnes n'ont jamais leurs deux bras ; moi, si. Il est juste temporairement immobilisé, maman. »

« Tu as changé, tu ne faisais pas un pas sans moi. Désormais, je ne te sers plus à rien. »

« C'est comme ça que ça devrait être. »

« Bien, je ramène la nourriture à la maison. On s'appelle. »

« Arrête, maman, ce n'est pas ce que je voulais d… »
Trop tard, elle s'est vexée. Je ne supporte pas quand elle est comme ça. J'admets que mon ton de départ n'est pas fameux, mais comment pourrait-il l'être ? J'ai l'impression d'être encore super-protégée, c'est une façon de me défendre que j'ai désormais acquise.

Je monte, mais je me sens plus mal que quand j'étais à la parfumerie. Je déteste me disputer avec les gens et ça se produit presque quotidiennement, depuis que je me suis évanouie. Ça ne va pas.

Comme c'est difficile de faire les choses d'un seul bras ! Mince, c'est vraiment dur. Après avoir bien transpiré, j'arrive à m'asseoir sur mon petit balcon pour manger quelque chose et boire un bon verre de vin.

Si la fée bleue me rendait visite, en cette soirée où je me sens un peu triste et mélancolique, et qu'elle me disait pouvoir réaliser l'un de mes souhaits pendant quelques heures, je lui demanderais de me faire vivre l'expérience d'être un garçon, mais à partir de minuit. Je marcherais *tout seul* dans toutes les rues de Milan qui me passeraient par la tête. Je voudrais marcher sous les étoiles, avec la lumière des bars qui éclairerait ma route, sans ressentir cette peur qu'une femme a, ou plutôt, qu'elle doit avoir, qu'on lui apprend à avoir, qu'on est obligé de lui apprendre.

J'achèterais un croissant à trois heures du matin, je regarderais les vitrines du centre sans être dérang*é*, quand les magasins sont fermés, quand on peut choisir au mieux ce que l'on voudrait acheter. Parce que je saurais sans doute quel parfum acheter, je saurais comment m'habiller et peut-être que je me plairais aussi beaucoup. Un beau gilet sur une chemise : j'ai mon style très bien en tête, je sais même comment je marcherais !

Je me souviens tout à coup de quand j'étais petite, quand je demandais chaque soir de pouvoir me réveiller dans la peau d'un garçon. C'était une idée fixe. Et puis, ma mère m'a offert cette broche. Je m'habillais toujours avec des survêtements et des vêtements peu féminins, contrairement à ce qu'elle voulait me mettre ; alors, un jour, elle me dit : « j'ai vu que toutes tes copines ont des broches en forme de

lunettes, je t'en ai acheté une, moi aussi. »
Évidemment, c'était une chose de fille, je ne voulais
pas la mettre et puis, elle ne ressemblait absolument
pas à celles de mes copines. Ce jour-là, j'ai eu une
réaction très désagréable : « maman, de toute façon,
je n'aime pas les broches et puis, celle-ci, ce n'est pas
celle qu'ont les autres. Pourquoi faut-il toujours que je
sois différente des autres ? Pourquoi je ne peux pas
avoir les mêmes choses que les autres ? Pourquoi je
ne peux pas avoir la même broche en forme de
lunettes que tout le monde a ? » « Parce que c'était la
plus belle qu'il y avait et pour moi, tu es la plus belle
et j'ai voulu te prendre quelque chose de spécial », me
répond-elle tranquillement. « Mais moi, je ne veux
pas être spéciale ! Moi, je veux être un garçon. » J'ai
pris la broche, je l'ai mise dans un tiroir et nous n'en
avons plus parlé. Les yeux de ma mère étaient tristes
et elle se demandait sans doute pourquoi je voulais
être un garçon. Elle a dû s'inquiéter, ce n'est sûrement
pas une chose que tout le monde dit. Au contraire,
c'est quelque chose que personne ne dirait. Mais je n'y
pouvais rien, tout ce qui touchait à ce sujet me faisait
me sentir mal. Par la suite, elle a réessayé de m'offrir
quelques vêtements féminins, mais je les ai tous
refusés, moi, moi qui, encore aujourd'hui, cherche
désespérément dans les armoires, dans les magasins et
dans les parfumeries, quelque chose à porter. Sauf à
Paris. À Paris, tout est différent ; à Paris, tout ce que
je mets me va. À Paris, j'aurais même pu porter cette
broche en forme de lunettes. À Paris, je suis moi-
même. Et j'ignore pourquoi, ici, je n'y arrive pas le
moins du monde. À Paris, c'est comme quand il pleut
mais qu'il ne fait pas froid. On est là et on a envie de

fermer son parapluie, de l'offrir à quelqu'un, pour pouvoir accueillir les gouttes d'eau sur notre corps ; on s'habille légèrement, parce que c'est l'été et que la pluie nous rafraîchit un peu. On a le sentiment de ne faire qu'un avec l'environnement, on n'a pas besoin de se protéger, mais on a envie que toute l'eau de ce ciel merveilleux nous inonde, au milieu de tant de beautés qui nous entourent. Ensuite, le soleil sortira de nouveau, il nous séchera, mais la sensation de l'eau sur notre corps aura purifié notre âme. Peut-être que je dois juste essayer de le faire ici aussi, dépasser les préjugés, qu'au fond, je me suis peut-être auto-infligés.

Je laisse les restes du dîner sur la petite table du balcon. Je m'en occuperai demain. Ma mère doit penser que je suis une tête de mule, comme d'habitude, et se demander de qui je tiens ça. Je pense souvent à comment étaient mes parents biologiques, mais je n'ai probablement rien pris d'eux ; j'étais trop petite quand ils m'ont poliment confiée à mes vrais parents. Je lis souvent des histoires d'enfants et d'adolescents adoptés et beaucoup d'entre eux, considèrent que leurs " vrais parents " sont ceux qui les ont mis au monde. Je ne l'ai jamais supporté. Vrais ? Ils vous ont abandonnés, qu'y a-t-il de vrai dans ça ? Les vrais parents, tout comme les vrais amis et les personnes vraies, sont tous ceux qui sont là pour vous et pour lesquels vous êtes là.

Premier SMS envoyé à ma mère, 20h :

" Coucou maman, je suis désolée, j'étais un peu nerveuse à cause de la séance chez la psy, merci pour la nourriture, on s'appelle demain. Bisous ".

Aucune réponse.

Deuxième SMS envoyé à ma mère, 20h30 :

" Tu avais raison, j'ai eu du mal à cuisiner quelque chose. "

Réponse de ma mère, 20h31 :

" Et comment pourrais-tu aller à Paris ? "

Troisième SMS, en réponse au sien, 20h31 :

" J'ai prévenu mes amis, ils prendront soin de moi. Ne t'inquiète pas, je t'appelle demain ".

Réponse, 20h35 :

" J'avais fait des pommes de terre au four, exprès pour toi. Dommage. Bonne nuit. "

Fin de la communication écrite du soir.

Je cherche un cahier dans lequel écrire les trois actions quotidiennes que je ferais si j'étais un homme. Je repense à la fée bleue et commence à écrire :

11/10/2011

1) Je me baladerais à Milan, tout seul, la nuit
1) Je porterais un jean, une chemise et un gilet
2) Je me regarderais dans le miroir

Sensations correspondant aux précédentes actions :

1) Liberté
1) Confort
2) Détente

Je ferme le cahier, le range sur la table de nuit et fais ce que font les paresseux. Pyjama, télé allumée sans la regarder, lit en attendant le sommeil. Mais tout ça toute seule, avec un seul bras. Bonne nuit mes vrais parents, j'aimerais tant vous serrer dans mes bras en ce moment.

12. PARIS, TOUT COURT

« Les passagers sont invités à s'asseoir et à attacher leurs ceintures… » J'y suis arrivée, j'ai suivi les ordres du médecin et je suis montée dans cet avion. J'adore le moment où l'on attache sa ceinture, on y est presque. Je suis assise à côté du hublot et dans les deux sièges à côté du mien, se trouvent deux jeunes filles, un peu plus jeunes que moi. Vendredi après-midi : décollage direction Paris et à chaque fois, j'ai l'impression de sentir la pluie chaude me rafraîchir le visage et le corps. Je souris, je souris toute seule. J'en ai presque oublié le plâtre, j'attends juste d'atterrir.

Les deux filles parlent en riant, en commentant chaque passager. À un certain moment, sans raison apparente, elles n'ont plus rien à dire, ni rien de quoi rire. Je regarde, intriguée, ce qui se passe et vois un très beau garçon s'asseoir dans la première des trois places à côté des nôtres. Il vient de gagner trois fans, qui n'osent pas parler. J'observe son corps pendant qu'il positionne son bagage à main dans le coffre à bagages au-dessus des sièges, prévu à cet effet. Musclé, mais pas trop, mince, mais pas trop, les cheveux légèrement en pic, dans une coupe très à la mode, un t-shirt blanc avec une écharpe au cou, un pantalon sportif beige, des baskets blanches. Ses mains semblent être fortes. Je les observe dans tous leurs mouvements. Dès qu'il se retourne pour s'asseoir, nous regardons toutes les trois droit devant nous, comme pour dire 'on ne te regardait pas'.

Mon sourire s'efface de mon visage, quand mon regard descend le long de mon corps assis sur ce siège ; j'observe mes mains, ou plutôt, la main qui n'est pas plâtrée. Elle est petite et on dirait celle d'une enfant, les ongles sont coupés courts. On dirait celle de ce garçon, mais en miniature. Le reste du corps, au contraire, n'est pas vraiment une miniature. J'observe les muscles de mes cuisses : grands, petits, je ne saurais le dire. J'observe le ventre et les hanches qui m'entourent. J'imagine à quoi ressembleraient ma poitrine et mes jambes si j'étais un homme. Comment ce serait de donner forme à ces pensées qui remplissent ma tête, quand je joue au ballon avec Milo, par exemple.

Après le décollage, je prends mon cahier des désirs, c'est comme ça que je l'ai appelé, et j'essaie d'écrire comme je le peux.

13/10/2011

1) Je jouerais au foot

131

1) Je porterais un t-shirt blanc avec une écharpe au cou, un pantalon beige sportif, des baskets blanches
2) J'aurais des mains fortes

Sensations correspondant aux précédentes actions :

1) Compétition, esprit d'équipe et divertissement
1) Satisfaction du goût esthétique
2) Force

Je repense aux matches de foot avec Milo et à tout le divertissement. Je réfléchis à ses questions d'enfant et à mes tentatives d'explication. Il est parfois difficile d'expliquer des concepts aux enfants : c'est comme ça qu'on finit aussi par bien se les expliquer à soi-même. Mais quand ils font quelque chose qu'ils aiment beaucoup, ce sont eux qui nous montrent la vie. Ils nous expliquent l'importance de faire ce que l'on fait par amour, et aussi ce que l'on n'aime pas. Ils nous expliquent comment croire en ce que l'on fait.
Une fois, il m'a demandé : « pourquoi la lune ne tombe pas ? » Alors, on pense à notre livre d'astronomie, rangé soigneusement sur notre étagère, et on se demande si on arrivera à se souvenir du chapitre qui parle des planètes, qui parle de la lune, qui explique pourquoi elle est là et pas ailleurs, pourquoi elle est si loin de la Terre, comment on est arrivés à marcher dessus un beau jour et qui répond à toutes les autres questions, mais on ne trouve pas, c'est absolument impossible de trouver une raison

pour laquelle elle est suspendue là, dans le ciel... sans tomber !!! Alors, on reste silencieux, on regarde les yeux de cet enfant qui nous a posé la question, qui n'attendent rien d'autre que notre réponse, à laquelle il croira aveuglément, du moins jusqu'à ce qu'il ne lise lui-même l'information dans un manuel scolaire. Et alors, on tente de se donner une réponse à la question " pourquoi la lune ne tombe pas ? ". On doit lui dire, c'est fondamental. Le *je ne sais pas*, il vaudrait mieux l'éviter. Alors, on dit : « parce que sinon, on ne pourrait plus la voir, alors elle fait tout son possible pour rester là-haut. Elle prend différentes formes, elle devient même un ballon, parfois, comme ça, nous, on peut toujours la voir. » Des phrases qui ne sont accueillies que par un sourire et le silence rêveur d'un enfant qui sait rêver.

Je range mon cahier et regarde le beau garçon, en train de lire son journal. Et puis, soudain, j'observe mes jambes et je n'arrive pas à les reconnaître. Non pas qu'elles me déplaisent. Elles sont assez musclées, je ne peux pas dire qu'elles soient moches, mais j'aimerais peut-être qu'elles soient plus minces, comme celles des deux filles à côté de moi, qui n'ont pas encore fini de minauder pour attirer l'attention du beau garçon. Je ne sais pas, j'ai l'impression de n'être ni un homme, ni une femme ; je suis comme cette lune, que tout le monde peut voir et qui voit tout, mais qui n'a pas de sexe et reste là, dans le ciel, suspendue, sans jamais pouvoir tomber, en prenant des formes toujours différentes, en devenant un ballon ou en devenant très mince. Tout le monde a décidé qu'elle était belle, mais peut-être que personne, mis à part les enfants, ne l'a jamais vraiment regardée, ou ne s'est jamais vraiment émerveillé de sa présence. La " lune, l'inconstante lune dont le disque change chaque mois [...] "[8]. Voilà, je me sens vraiment comme la lune vue par Juliette. Inconstante. Un jour, je me plais, l'autre, je voudrais être différente ; je vois un beau garçon et je voudrais avoir ses jambes. Ensuite, je vois deux jeunes filles et je voudrais avoir les leurs. Ensuite je vois...

« Qu'est-ce que tu t'es fait au bras ? », me demande l'une des deux filles, sous le regard attentif de l'autre, en interrompant mes pensées lunaires.

« Une mauvaise chute... », je réponds, ignorant si je dois être plus intriguée par la question, ou plus agacée par l'indiscrétion.

« Oh, je comprends. Si tu as besoin d'un coup de main pour le bagage ou autre chose, dis-le-nous », termine-t-elle en souriant.

D'habitude, les inconnus ne m'adressent pas la parole ; encore moins pour me demander si j'ai besoin d'un coup de main. « Merci beaucoup », je réponds.

« Tu pars en vacances à Paris ? », poursuit la fille aux cheveux roux. La brune écoute dans un silence attentif.

« Je vais rendre visite à ma famille d'accueil du programme au pair », j'explique.

« Oh, je t'en prie, parle-nous de ton expérience. Excuse-nous, on est un peu effrayées, on y va justement pour ce programme. On est étudiantes en Sciences de l'éducation et on nous a envoyées trois mois à Paris pour ce stage... »

---

[8]   William Shakespeare, *Roméo et Juliette*

Je suis quelque peu étonnée ; ça ne m'arrive pas souvent de parler de moi à des inconnus. J'éprouve un certain sentiment de gêne, bien que je sois satisfaite. Je leur raconte la partie facile, celle composée des gestes quotidiens, des actions à faire avec les enfants, à la maison, dans le temps libre. Je parle des merveilles de la ville de Paris, qu'elles n'ont encore jamais visitée. Avec cette atmosphère d'amour et de pureté que j'y ai respiré, et que j'ai du mal à trouver ailleurs.

« … et puis, la relation que vous nouerez avec les enfants, c'est quelque chose qui restera. Ce n'est pas rien de vivre au sein d'une famille pendant trois mois. Il faut s'adapter, se montrer indulgent, comprendre une culture et des traditions différentes… très différentes. Mais n'ayez pas peur. Moi, je leur rends encore visite… il doit y avoir une raison à ça ! »

Elles me regardent de leurs grands yeux… une paire très bleue et l'autre très noire. J'ai l'impression d'être une maman qui doit convaincre ses enfants à marcher tout seuls. Elles sont vraiment très belles.

« Mais vous êtes sœurs ? », je demande, en remarquant une certaine ressemblance entre les deux.

« Non, on est amies… tu restes longtemps à Paris ? »

« Non, en fait, seulement pour le week-end, et puis je retourne à Milan, en cours. Je suis étudiante en psychologie. »

« Super ! On te donne nos numéros de tél ? »

« OK », je réponds, toujours plus stupéfaite, par tant de sociabilité. Mais j'accepte, je ne peux pas toujours rester dans mon coin. Finalement, je me dérange moi-même. Nous discutons encore un peu, jusqu'à l'atterrissage de l'avion. Nous nous disons au revoir et je leur demande de me tenir au courant au cas où elles auraient besoin d'aide.

Aujourd'hui, c'est vendredi : je vais récupérer Milo directement à l'école de musique, exactement comme au bon vieux temps. Je devrais arriver là-bas sans problème, juste à temps pour lui faire une surprise, comme convenu avec sa mère. J'arrive une demi-heure plus tôt et bien sûr, je m'assois sur 'mon' banc. Pas de papillons. La principale caractéristique d'une coïncidence, c'est qu'il ne faut pas y penser avant ; autrement, elle ne se produit pas. J'y ai pensé avant, donc pas de papillons. J'attends en contemplant l'eau qui coule, qui sépare l'endroit où je suis assise de l'école de musique. Mon bras me gêne vraiment, je n'arrive pas à profiter à fond de ce moment tant convoité. Je sors le foulard de Mattia de mon sac, pour pouvoir le mettre à mon cou, en guise de soutien à mon bras, mais il tombe par terre. Les papillons qui y sont dessinés sont tournés vers moi, lorsque je me penche pour le ramasser. Je remarque des bouts de papiers froissés, dont les côtés sortent légèrement de la partie inférieure du banc, justement en direction du foulard avec les papillons. Si j'étais un garçon, je ne toucherais peut-être à rien, mais je ne peux pas, la curiosité s'empare toujours de moi, surtout quand je suis seule et que l'on ne m'observe pas. Je sors donc ces petits papiers du banc et on dirait vraiment que je mets au jour une carte au trésor ou un document très précieux, laissé là, égaré, jauni par le temps chronologique et météorologique.

Ce sont des feuilles jaunies enveloppées d'un ruban rouge. Je les ouvre et commence à lire. Il s'agit de poèmes. Je les lis tous sans réussir à m'arrêter.

21/05/1973

Invalidité invalidante

De l'amour ou présumé tel,

Qui ne fait

Qu'alimenter et assoiffer

Les sots rêveurs,

Qui craignent encore

L'impossibilité

D'un amour impossible,

Mais qu'eux,

Grâce à leurs rêves,

Rendent possible,

Dans l'impossibilité

De ne pas aimer.

E.

21/05/1974

Pincement à la poitrine,
Ainsi, comme quand je te vois,

Juste maintenant, que je pense à toi et t'écris.

Douleur physique,
Douleur douce,
Douleur sage,
Douleur révélatrice.

Le pincement est pour toi.

L'âme ne ressent pas de douleur.

Le pincement ne fait plus mal.

E.

21/05/1975

ÊTRE TACHYCARDIQUE.

Lumière aveuglante,

Enveloppante.

Ses reflets sur la mer,

Touchent le centre du cœur,

Où se découpent les émotions.

Les positives,

Les négatives,

Qui, lorsqu'elles sont illuminées par le soleil,

Paraissent les mêmes.

Irrésistibles et incessantes,

Elles font toutes le même bruit,

Suivent le rythme du cœur,

Jusqu'à atteindre tout le corps,

Étendu, désarmé et aveugle,

Face au spectacle de la nature,

Qui rend tachycardique l'être entier,

Qui en contemple la grandeur.

E.

21/05/1976

Même si tu ne seras pas là,

Même si je ne serai pas là,

Il y aura l'électricité.

Il y aura toujours un nous...

Une étoile, nous.

Un coucher de soleil, nous.

Le soleil, nous.

La lune, nous.

La pluie, la neige, nous.

La mer… nos âmes.

E.

21/05/1977

Souviens-toi de te souvenir,

Que j'ai regardé ton âme et

Que je l'ai trouvée splendide.

Souviens-toi que je m'en souviendrai.

Souviens-toi,

Que je n'ai jamais cessé de me souvenir de toi.

Souviens-toi,

Que je me souviendrai de toi.

Toujours.

E.

–/--/----

Sans date,

Sans temps,

Sans espace,

Sans dimension,

Avec le cœur,

Avec l'âme…

… je t'aime.

E.

13. OH. NON.

« Agathe !!! »
Je viens juste de finir de lire le dernier poème, quand je me retrouve à regarder Milo, qui m'a tout de suite vue et d'après son sourire, je devine qu'il a apprécié la

surprise. Je range les poèmes dans mon sac, car je ne veux pas les perdre, mais au contraire, les relire.

« Tu m'as fait une surprise, tu es arrivée quand ? »

« Aujourd'hui ! »

« Mais tu dors chez nous, hein ? Tu sais que mon lit est le tien, hein ? »

« Bien sûr que je dors chez vous ! », je le rassure, en souriant. Son méga-sourire-gigantesque réussit toujours à effacer toute pensée négative, chaque sentiment d'inadéquation que je ressens dans les situations et surtout à mon égard. Nous marchons en direction de la maison. Je l'accompagne et lui, il ne fait que sautiller, avec son violon en bandoulière, prêt à me raconter d'un seul trait sa vie, durant les mois au cours desquels nous ne nous sommes pas vus. Cela fait des mois que je ne lui ai pas parlé, mais ça n'a pas d'importance. La continuité de nos dialogues et de notre affection se poursuit dans le temps. La distance nous sépare, mais nos cœurs nous unissent.

Nous arrivons à la maison et, comme toujours, c'est une très grande fête. Les bavardages et les rires reviennent à chaque fois. Le sens de la famille est vraiment fort dans cette maison. Les disputes, les regards durs et les déceptions ne manquent pas, mais l'affection qui les lie semble être plus forte que tout. Pour moi, ils sont vraiment spéciaux.

Dans le salon, ils ont accroché une photo de l'époque où je vivais chez eux : je pense aux crises de panique milanaises, aux situations gérées de façon incorrecte, aux journées vides à l'hôpital, à l'angoisse des miroirs, à la recherche d'un style, d'une vie ; je pense que, quand j'étais ici, mes parents et mes amis, le peu de vrais amis que j'avais, me manquaient beaucoup, mais mon sourire sur cette photo est déstabilisant. C'est le même que je viens de voir sur le visage de Milo, quand il a appris que je dormais chez eux. Mon sourire est visiblement différent, comme privé de peur et empli seulement de vie. Et pas besoin de miroirs pour le voir.

Plus tard, restée seule dans la petite chambre de Milo, je me mets au lit et sous une lumière tamisée, je relis les poèmes du banc des papillons. J'enlève le ruban, j'ouvre la dernière enveloppe et je m'aperçois que outre la feuille sur laquelle est écrit le poème, il y a aussi une carte de visite qui comporte le nom d'Emma sur le recto. Je la tourne et y trouve une inscription : *"J'arrive parfois à percevoir certains de tes gestes silencieux qui se font miens et nôtres. Et cela me fait sourire dans le silence de nos dialogues. Penser à toi me fait penser que je peux rester moi-même. J'*.

L'espace d'un instant, j'ai l'impression de m'être déjà endormie et d'être au beau milieu d'un rêve confus ; par sécurité, je me lève de nouveau, je fouille dans les poches de ma veste et je retrouve la carte de visite de Justine, intacte. Je les compare, toujours plus incrédule. Je les relis plusieurs fois et rien à faire, la phrase est identique. La coïncidence est stupéfiante, ça n'a pas l'air d'être des poèmes d'amitié, je ne comprends donc absolument pas comment il pourrait s'agir des mêmes Emma et Justine, qui ont eu des maris… même si… même si la phrase est vraiment identique. Serait-ce la phrase d'un auteur, que tout le monde recopiait à cette époque ? Je crois que Justine recevra ma visite à mon retour. Je suis trop curieuse, désormais.

Le lendemain matin, je me lève tôt et profite du silence de la maison, qui a été la mienne. Ce silence qui permet de laisser libre cours aux souvenirs et à quelques petites réflexions. J'effectue les mêmes gestes habituels et l'espace d'un instant, on dirait que le temps s'est figé. Tout le monde dort encore. J'ai donc le temps de me balader en pyjama, une tasse de café dans la main. De regarder par la fenêtre et de voir ce que j'observais tous les jours. J'entrouvre la fenêtre et tous les bruits de la ville font leur entrée, avec ce 'parfum d'étranger', comme je l'appelle affectueusement, qui les accompagne dans le salon. Le parfum d'étranger, des grandes villes, aux mille parfums de nourriture et d'épices, aux mille fragrances différentes ; je décide de me promener dehors, il est encore tôt. J'ai envie de sentir le parfum d'étranger, qui par un oxymore, devient l'un des parfums les plus familiers pour mes narines.

Je sors en tenue décontractée et commence à marcher. Personne ne vous regarde. Personne. Personne ne perd son temps à regarder vos vêtements ou la façon dont vous marchez. À la limite, ils perdent leur temps à regarder des vitrines ou à jouer dans les parcs avec leurs chiens et leurs enfants. À un coin de rue, parfum de croissant et dans la rue suivante, de frites. J'aime tout ça, j'aime la liberté que tout cela offre. Des fleuves de gens qui marchent en suivant leur propre chemin, mais prêts à donner un coup de main, à esquisser un sourire, si l'occasion se présente.

Je pensais que Milo dormait encore, mais le voilà qui joue au foot, tout seul, dans le petit parc en bas de chez lui.

« Prêt pour un beau match de foot ? »

« Ouiiii. »

Parfait, défi accepté, nous jouons au foot pendant une petite heure. Quelle merveilleuse sensation ! J'y arrive même avec le plâtre, la psy avait raison !

À notre retour, je prends mon cahier et écris.

14/10/2011

1) J'irais au parc, le samedi matin, et je resterais dehors jusqu'à l'heure du déjeuner

3) Je marquerais quelques buts en jouant au foot

4) Je n'aurais plus peur des préjugés

Sensations correspondant aux précédentes actions :

1) Insouciance

3) Adresse

4) Liberté

Bien que Paris ne m'ait pas transformée en garçon, le reste du week-end se déroule de façon sereine et insouciante.

En attendant l'avion à l'aéroport, pour rentrer à la maison, je me rends compte que j'ai vraiment réussi à ne plus penser à rien. Mais, tout à coup, je repense aux poèmes, aux deux filles du voyage d'aller en avion et à Sofia. Elle m'a manqué. Je repense à son soutien, comme lorsqu'elle m'a accompagnée à l'hôpital la première fois, en renonçant à la première séance à l'université. Comme lorsqu'elle était en colère, mais qu'elle a tout laissé tomber, pour être à mes côtés et m'accompagner de nouveau à l'hôpital, et que j'ai dû la prier d'aller en cours. Comme lorsqu'elle voulait seulement que j'aie confiance en elle… comme… comme je voudrais qu'elle soit ici, maintenant, assise à mes côtés. Oh. Non.

Silence de l'esprit.

Silence du cœur.

Silence du corps.

Bruit de l'âme.

Bruit du téléphone, message : "Dis-moi à quelle heure tu arrives, je viens te chercher à l'aéroport, si ça te dit".

Bruit de mon sourire.

Bruit des touches du téléphone pendant que j'écris la réponse : "Ça me va. Dans une heure et demie à Linate. Merci <3".

La froide Agathe, celle qui ne montre jamais ses sentiments, a mis un cœur à la fin d'un SMS. Miracle parisien !

L'espace d'un instant, j'ai même oublié les larmes sur le visage de Milo, lorsque je lui ai dit au revoir sur le seuil de sa maison.

14. TU NE REGARDES QUE TOI-MÊME (ET MOI, JE N'ARRIVE MÊME PAS À ME VOIR)

21/05/1978

La lecture d'un poème rimbaldien,

À la faible lueur d'une bougie.

Écrire l'un de mes poèmes,

Sur un morceau de papier jauni,

Lancer un bavardage

Et un baiser,

Dans la bruyante solitude

D'une nuit aigre-douce.

L'écoute de notes de musique,

Telles des épingles,

Tels des compteurs de souvenirs ;

Chaque touche du piano,

Tel un marteau sur le cœur,

Rythme les heures de silence ;

Chaque corde de violon,

Allonge cette corde,

Qui nous éloigne,

Sans nous séparer,

Qui jamais ne se brise.

Chaque parole de musique

Rebondit sur la corde,

Nous faisant nous retourner,

Nous faisant regarder en arrière

Et voir la corde s'allonger toujours plus,

Mais savoir que, tôt ou tard, elle se bloquera

Savoir que jamais elle ne se brisera,

Savoir qu'elle nous rapprochera.

Les bougies s'éteignent,

Les étoiles s'allument,

Les âmes se déshabillent,

Les douces douleurs prennent vie,

et – "pour quelques heures" - je ne suis qu'avec toi.

Et toi, avec moi.

E.

Ce n'est que maintenant, que je suis dans les nuages, au sens littéral du mot, que je me rends compte que ce poème avait échappé à mon attention. Ce n'est que maintenant que je m'aperçois qu'il était dans les enveloppes avec le reste. Je me demande ce que tout cela signifie ; la coïncidence de la phrase trouvée d'abord dans la carte de Justine, puis dans ses poèmes, qui ont tout l'air d'être des poèmes d'amour. Pourquoi les ai-je trouvés moi ? Pourquoi je me sens soudain comme une marionnette ? J'arrive même à sentir les fils qui me dirigent, comme si la psychologue savait déjà que je devais aller à Paris sur ce banc et y trouver ces coïncidences enveloppées d'un ruban rouge. Je dois absolument contacter Justine.

« Te voilà. »

« Me voilà. »

Sofia m'accueille avec son sourire habituel, le sourire sérieux et rassurant de ceux qui veulent être présents.

« Comment ça va ? Ton bras ? »

« Bien, merci. À Paris, ça va toujours…, mon bras va mieux… et toi ? »

« Tu devrais aller plus souvent en France, tu as l'air d'être heureuse. Finalement, tu t'es expliquée avec tes parents ? »

« Oui, j'ai envoyé un SMS à ma mère, elle ne semblait plus fâchée… »

« Cool, allons-y », me dit-elle en prenant mon bagage et en le traînant, et moi je la laisse faire. En général, je veux tout faire toute seule, comme d'habitude.

« Tu vas à Milan ou tu veux passer chez tes parents, vu que demain il n'y a pas cours ? »

« Tu m'accompagnerais chez mes parents ? »

« Mais bien sûr, allons-y. »

« Mais seulement si tu dînes avec nous, et ensuite on rentre ensemble. »

« Mais ta mère ne va pas vouloir te parler ? »

« Je ne pense pas et puis, même si c'était le cas, il vaut mieux que tu sois là, toi aussi... »

J'esquisse un sourire, auquel elle me répond par un des siens, au contraire bien visible, lui, mais en continuant à regarder droit devant elle et à marcher.

Je préviens ma mère, qui semble bien accueillir la nouvelle et nous nous mettons en route.

Je reviens sur ma pensée, au fait d'avoir pensé que j'aurais voulu l'avoir à mes côtés, ou plutôt, que je l'ai vraiment sentie à mes côtés, Sofia, pendant que son SMS arrivait. L'idée d'avoir pensé à elle, et de l'avoir ici maintenant, me donne une douleur à la poitrine, comme celle décrite dans les poèmes. J'aimerais tout lui raconter, je voudrais m'ouvrir à elle, mais comme d'habitude, je suis bloquée. Je ne voudrais pas qu'elle me voie m'évanouir pour la troisième fois... un instant... j'étais toujours avec elle quand je m'évanouissais, mais pourquoi ?

Maintenant, je vais lui dire que son SMS m'a fait plaisir, peut-être même que je pensais à elle juste à ce moment-là. Autrement, elle va penser que c'est toujours elle qui cherche ma compagnie. Et si j'ai une autre crise de panique et que je m'évanouisse, qu'est-ce qu'elle va penser de moi ? En même temps, ce serait bien de lui dire...

« Et toi, comment s'est passé ton week-end ? », dis-je pour gagner du temps.

« Je suis allée à Bologne voir ma mère et mon frère Giorgio. »

« Tu as un frère ? Je ne le savais pas. »

« Oui... un jumeau. »

« Sérieusement ?! Pourquoi tu ne m'en as jamais parlé ? »

Elle éclate en sanglots.

Je ne l'ai jamais vue pleurer jusqu'à présent, elle a toujours l'air si forte, si sûre d'elle, qu'elle m'attendrit pour de vrai maintenant.

Nous nous asseyons sur les sièges de l'aéroport, pour qu'elle puisse vider un peu son sac.

« Qu'est-ce qu'il y a ? », je lui demande timidement.

« Quand mon père est mort, il s'est enfermé dans un silence infernal, il n'a plus parlé. Et, vu qu'on est jumeaux, je pouvais ressentir sa souffrance. Et même moi, je ne pouvais rien faire, on ne pouvait rien faire. C'est pour ça que je suis venue faire mes études ici, à Milan. Je ne pouvais plus supporter cette situation. Je l'ai laissé avec ma mère. Et il s'est encore plus renfermé. Il ne m'a plus du tout parlé et quand je rentrais, il sortait et revenait au moins deux jours plus tard, pour voir si j'étais partie. »

Elle se tranquillise un peu, puis reprend : « ça n'est jamais simple de rentrer à Bologne. Quand notre père s'en est allé, on avait quinze ans. C'est comme si Giorgio s'en était allé avec lui. Ça, ça a été la plus grande des douleurs ; mais, d'un côté, et il n'y a que moi qui pense ça, ma mère n'a pas eu le temps de pleurer, elle a dû tout de suite s'occuper de lui, même si ce n'est pas comme le fait de s'occuper d'un nouveau-né qui pleure. Cette douleur a servi à effacer la douleur. »

Comment se fait-il que l'on ne lise pas toute cette douleur sur son visage ? Je la regarde maintenant, avec ses larmes qui sont restées collées à son visage et je m'aperçois qu'elle est vraiment belle. Sa peau foncée, ses yeux noirs qui sont en train de briller. Ces yeux si forts qui me font toujours me sentir si chanceuse de les voir, mais d'un autre côté si mal dans ma peau, quand je m'évanouis, quand je vois mes yeux réfléchis dans le miroir, pendant qu'ils n'aiment pas ce qu'ils voient.

« Giorgio t'en veut parce que tu es partie ? »

« Oui, c'est pour ça qu'il part quand je reviens. Comme il l'a fait vendredi soir, dès que je suis arrivée. On ne sait même pas où il va. Ma mère tourne la tête de l'autre côté, dès qu'il sort. »

« Je n'imaginais pas tout ça. Je suis désolée. Tu m'avais parlé de ton père et, je pense que par gêne ou par peur de toucher des points sensibles, je n'ai jamais abordé le sujet. »

« Je n'avais jamais plus mis les pieds dans un hôpital, depuis que j'avais quinze ans ; jusqu'à ce que tu ne t'évanouisses… »

Je me sens si bête maintenant, comme si ni le miroir, ni le fait d'être une femme ou un homme, ni les évanouissements n'étaient importants.

Je ne sais pas quoi dire.

« Je ne savais rien de tout ça… »

« Peut-être parce que tu es trop concentrée sur toi-même. »

Je ressens une certaine pointe de sarcasme dans cette affirmation.

« Qu'est-ce que tu veux dire ? »

« Que tu ne regardes jamais vraiment autour de toi, que tu juges trop et tu observes peu, tu ne regardes pas vraiment les autres pour ce qu'ils sont, mais pour la façon dont tu les vois. Tu ne regardes que toi-même. »

« Je vois que les autres veulent seulement rire, au lieu d'approfondir les choses. »

« Qu'est-ce qu'il y a de mal à rire ? »

« Rien. Sauf quand on rit à tout prix ou pour rien. Les intolérants sont ceux qui rient plus que tout le monde. Ce sont ceux qui, pour ne pas entrer à fond dans la vie, dans les problèmes, rient et jouent à qui rit le plus, à qui rit le plus longtemps, le plus fort et le plus souvent chaque jour. Ça fait du bien de rire, mais ça doit venir de l'intérieur, ça doit venir du cœur, il n'y a rien de pire qu'un rire forcé. Il y a un temps pour tout, même pour rire. Et chaque chose a son temps. Même les larmes. »

« Ce n'est pas ce que je voulais dire. Je parlais des gens qui sont autour de toi, tu ne parles jamais de personne, on dirait que tu te fiches de tout. »

« Si c'était le cas, je n'aurais pas vu les larmes de Milo avant de refermer la porte pour aller à l'aéroport, et je n'aurais jamais remarqué ton sourire non plus, quand je t'ai dit que j'aurais aimé que tu dînes toi aussi chez mes parents, ce sourire que tu cherchais à cacher entre tes cheveux. Peut-être que le problème, c'est que je vois trop, que j'ai le défaut d'anticiper les questions que l'on va me poser, le défaut de répondre avant qu'on ne me les pose, la volonté obstinée de ne jamais blesser personne, quitte à me taire. Et pour tout te dire, tu dis que je ne vois que moi-même, mais sache que le plus gros problème pour moi c'est de me regarder. Et je n'arrive même pas à me voir. »

Silence.

Les yeux qui brillent.

Commissures des lèvres qui se baissent, surprises, pensives et attristées.

Commissures des lèvres qui remontent, peu de temps après, regard dans le regard, les yeux dans les yeux.

Voix tremblante de Sofia : « alors, j'ai compris qui tu es. »

Accolade silencieuse, à l'aéroport, puis dans le vide, sans espace, sans temps, parce qu'une corde vient de sortir de ma poitrine pour se nouer à celle de Sofia.

Un peu perdues, nous sortons de l'aéroport, pour nous diriger vers la voiture et aller dîner chez mes parents. Pendant le trajet, nous ne parlons plus de sa famille, je pense que le sujet est momentanément clos. Je lui parle beaucoup de Paris et, aux feux rouges, je lui montre des photos que j'ai prises avec mon portable et je lui raconte à mon tour l'histoire de ma *French family*, à laquelle je suis très liée. Mais elle le sait déjà ; autrement, elle ne m'aurait pas dit que je devrais y aller plus souvent.

Après quelques minutes de silence, elle reprend :

« Je suis allée à un congrès sur la psychologie de l'enfant, samedi, pendant que j'étais à Bologne. J'ai vu par hasard que c'était juste ce week-end et j'y suis allée. Il y avait même les patients-enfants, guéris, qui apportaient leurs témoignages. C'était émouvant et j'ai pensé à toi. J'aurais aimé t'y amener, c'était un type de congrès différent des congrès habituels et c'était vraiment pas mal. »

Après avoir réussi à surmonter le petit émoi causé par les mots « j'ai pensé à toi » et « j'aurais aimé t'y amener », sortis de la bouche de Sofia et qui ont suscité en moi une série de pensées infinies, auxquelles je dois mettre fin pour ne pas sembler plus étrange que ce que je ne semble déjà (ou que je ne suis ? – doute atroce) ou, pire, complètement indifférente à ce qu'elle est en train de me raconter, j'essaie de trouver quelque chose de sensé à dire : « vraiment ? Je ne pensais pas qu'ils fassent témoigner des enfants guéris. Trop fort. » Parfait, danger évité (même si j'ignore combien de secondes se sont écoulées, pour que je réussisse à bloquer les 36000 pensées se bousculant dans ma tête, à cause de quelques mots simples, inoffensifs et innocents).

« C'était vraiment intéressant. Si tu veux, je t'en parlerai mieux un jour, j'ai pris des notes. Je pense que ça nous intéresserait toutes les deux ! »

J'adore son enthousiasme ; ses yeux se mettent à briller lorsqu'elle parle de notre métier, lorsqu'elle parle d'enfants qui règlent leurs problèmes. Tout est un peu plus clair, maintenant... Il y a sans doute un facteur personnel dans son choix universitaire... Elle probablement aider son frère ; et, malgré ça, quand c'est moi qui ai eu besoin d'aide, elle a renoncé à la première séance. C'était quelque chose d'important. Je ne l'oublierai jamais.

« Bien sûr, avec plaisir ! On n'a qu'à se voir un de ces soirs et tu me raconteras tout ! »

« OK. Comment va Milo ? »

« Bien. C'est un garçon très doux. Je ne sais pas comment l'expliquer, mais à treize ans, ici, je vois les ados qui restent dans leur coin, qui sont sauvages et ne disent rien. Lui, il se confie beaucoup, à moi, mais aussi à ses parents. Il est indépendant mais affectueux. Il est gentil. J'aimerais que ce soit mon frère. Quand j'étais petite, j'aurais voulu avoir un frère, je voulais à tout prix un frère ; c'est comme quand tu souhaites une chose tellement fort, que tu as l'impression de la sentir, tu as l'impression que ça grandit en toi. Et puis, un jour, j'ai compris que c'était moi qui voulais être mon frère. J'étais un garçon manqué, je te montrerai des photos. Et à partir de là, j'ai voulu être un garçon et avoir une sœur ; c'est débile, hein ? »

« Non, pas du tout », répond-elle d'un air décidé, comme si ce discours avait un fondement scientifique, qu'elle a déjà compris en profondeur.

« Et puis, un jour, vers dix-sept ans, on m'a dit que je ne pouvais plus m'asseoir d'une certaine façon, que j'étais trop masculine, que je devais me ressaisir et donc, j'ai dit adieu à Gianluca : c'est comme ça que j'appelais cette partie de moi. Il est parti et moi, je ne pouvais plus vivre sans lui. Je l'ai caché, je lui ai dit de s'en aller et qu'il me causait un tas de problèmes et depuis, je me suis sentie mal, très mal. J'ai peint ma chambre en rose, ça ne servait à rien de penser que je pouvais être un garçon. Désormais, j'étais grande, ça n'avait pas de sens. Chaque fois que je le priais de s'en aller, que je lui disais que je ne voulais plus qu'il soit là, je me renfermais. C'était toujours comme si je perdais une partie de moi. Mais il ne peut pas être là, il ne peut pas revenir. Mon dieu, tu dois croire que je suis vraiment folle... Je ne sais pas pourquoi je te dis tout ça... »

Je m'arrête, je ne peux pas en raconter plus ; je ne comprends vraiment pas les raisons qui m'ont poussée à m'épancher à elle de la sorte, je déteste le faire, d'habitude... Je vois qu'elle regarde droit devant elle, vers la route et qu'elle ne me regarde pas. Par conséquent, je pense qu'elle regrette d'avoir accepté mon invitation. Qui sait ce qu'elle pense de moi maintenant. Nous arrivons à destination et elle se gare sans dire un mot.

Elle se tourne et je sais qu'elle va me donner son jugement : elle me demandera gentiment de descendre de la voiture et me lancera que nous ne sommes plus amies, je le sens…

« Il était temps que tu me dises quelque chose sur toi, Agathe… », affirme-t-elle, pendant que sa voix pénètre dans mon corps, en le remplissant soudain de sens, en me faisant me sentir instantanément acceptée, ou, mieux encore, comprise.

Je ne réponds pas et me limite à lui sourire.

« On en reparlera après, si tu veux », me rassure-t-elle, pendant que nous descendons de la voiture pour nous diriger vers la maison de mes parents.

15. *TOMBOY* : UNE SOLUTION ?

Mes parents n'ont vu Sofia que rarement, avant ce soir, mais ils l'accueillent avec beaucoup de plaisir, en la remerciant d'être passée me chercher. Moi, comme d'habitude, je me sens gênée dans ce genre de situations ; c'est comme si je sentais que les frontières étaient franchies sans avoir de document valide. D'un côté, il y a la frontière de ma famille et de l'autre, celle de ma vie personnelle. Je ne suis plus si sûre que ça de vouloir franchir certaines frontières. Je me sens soudain mal à l'aise, j'ignore pourquoi, mais désormais, il est vraiment trop tard.

En attendant le dîner, Sofia pose ses affaires dans ma chambre et je fais de même.

« C'est qui sur cette photo ? », me demande-t-elle, en indiquant le portrait sous verre d'un petit garçon blond, avec des moustaches, un chapeau et une veste noirs qui regarde l'objectif d'un air sérieux, le visage tourné vers le haut.

« C'est moi. C'est une des photos que je voulais te montrer. »

« J'avais remarqué une certaine ressemblance, mais je n'étais pas sûre que ce soit toi. C'était pour carnaval ? »

« Non, pour voir comment ça m'allait », je réponds d'un léger sourire, un peu timide et un peu gêné, qui attend avec anxiété un commentaire, pour s'élargir, au cas où ce dernier serait positif, ou pour s'effacer, dans le cas contraire.

« Oh, *tomboy*... comme dans le film[9]. »

J'ai le souffle coupé par la façon dont elle a prononcé le mot « *tomboy* », d'un ton plutôt satisfait et avec le sourire de ceux qui savent exactement de quoi ils parlent. Comme ces mots inattendus, de ceux qui ont exactement compris qui vous êtes, et qui vous aiment tels que vous êtes, sous toutes vos formes.

Pour éviter de me noyer dans une multitude de pensées, je lui montre quelques autres photos de quand j'étais petite.

---

[9] Céline Sciamma, *Tomboy*, 2011

« Mince, on dirait vraiment un garçon ici. »

« C'est vrai, tout le monde me le disait. Et moi, j'étais heureuse. »

À table. Une fois le dîner commencé, après en être passés par les discours de circonstance habituels qui se tiennent en ces occasions, nous arrivons au sujet brûlant, que ma mère est pressée d'aborder.

« Alors, raconte-nous un peu comment se passent ces séances, vu qu'Agathe n'a pas pu y assister... »

« Maman, je n'étais pas bien !!! », je me défends immédiatement.

« Oui, mais toujours quand il y avait les séances, je suis juste curieuse... »

" Mais oui... Juste curieuse ", je pense. « Ce sont des coïncidences, maman », dis-je.

« Le meilleur reste à venir », nuance avec élégance Sofia. « Agathe a sans doute raté les séances de base, mais le meilleur reste à venir, lorsqu'il y aura les séances relatives à notre cursus scolaire. »

Je-l'-adore. Point.

Mon père tente de soulever les commissures de ses lèvres, pour sourire, mais une légère appréhension, vu la nervosité évidente de ma mère, le bloque au meilleur moment. Il me fait un clin d'œil et je comprends qu'ils parlent souvent de moi, mais que peut-être je n'ai pas à me faire du souci.

Ma mère sombre dans son silence pensif.

Par pitié, que quelqu'un change de sujet.

« Alors, Agathe, comment ça s'est passé à Paris ? Comment va 'ton' enfant ? »

Merci, papa.

Je me perds le plus possible dans les détails, comme si ces derniers pouvaient effacer les nombreuses inquiétudes de ma mère, qui a du mal à se concentrer sur ce que je raconte.

Mon père, de son côté, remarque avec plaisir que l'air de Paris me fait du bien et m'encourage à y aller plus souvent. Cette fois-ci, c'est la bouche de Sofia qui s'étire en un sourire, vu qu'elle m'a dit la même chose peu de temps auparavant. Je réponds à ce gentil geste par un sourire.

« Ça t'a fait mal ? », demande ma mère, en remarquant le tatouage sur l'épaule nue de Sofia, qui est assise juste en face d'elle.

« Non, pas trop. Il indique les quatre membres de ma famille. Je l'ai fait le jour après que mon père est mort. »

Cool !!! Je pense qu'il aurait mieux valu rester sur le sujet de l'université, mais au fond, ma mère ne pouvait pas le savoir.

Ma mère s'excuse, mais Sofia réagit de façon élégante, comme toujours. Elle parle de sa famille et de son père avec plaisir et sort immédiatement tout le monde de l'embarras.

« Ils étaient mariés depuis combien de temps ? », demande ma mère, d'un ton qui est maintenant devenu très doux.

« Ils ne l'étaient pas. Mais ils ont été en couple pendant vingt ans. Les plus beaux de sa vie, dit toujours ma mère », répond tranquillement Sofia.

« Oh », se limite à répondre ma mère, qui n'a sûrement jamais pensé vivre avec quelqu'un sans l'épouser.

« J'aime beaucoup les termes 'compagnon' et 'compagne' - continue Sofia. Je les préfère à 'mari' et 'femme'. Parce que j'ai l'impression que mari et femme, c'est une obligation, voulue par la loi, voulue par quelqu'un d'autre, même si finalement, ce sont les mariés qui décident. Au contraire, dans compagnon, il n'y a pas d'intérêt, c'est la liberté de choix ; on choisit celui ou celle qui nous accompagnera sur notre chemin. Après nous-mêmes, évidemment. Si on sait s'accompagner tout seul, alors et seulement alors, on peut choisir une autre personne. Il n'y pas deux moitiés, mais un plus un. »

Nous sommes tous les trois un peu étonnés par ce discours, que l'on n'entend pas souvent, du moins dans le coin.

Ma mère doit avoir envie de dresser la liste des dix raisons pour lesquelles il faut se marier, avec le " IL FAUT " en lettres majuscules, mais, étant donné la situation, elle ne doit pas oser le faire.

Sofia a la voie libre pour continuer : « mon frère, quand il avait cinq ans, a sorti une phrase bizarre, mais très mignonne. »

« Laquelle ? », j'interviens, pour ne pas la laisser dans un monologue.

« Il était en train de jouer avec les clés et il a glissé un anneau du porte-clés autour de son annulaire gauche en s'exclamant : 'Regarde Sofy, j'ai une bague de fiançailles !'. Quand je lui ai demandé avec qui il s'était fiancé, il a d'abord mis une main sur son cœur, puis sur sa tête en disant : 'Avec moi-même ! Avec mon cœur et ma tête !'. Ma mère et moi, on était incrédules et on n'a pas su quoi lui répondre. »

Mon père et moi, nous sourions, pendant que ma mère écarquille les yeux. Je crois que ce discours est tout nouveau pour elle. Elle a grandi dans un milieu vraiment trop traditionaliste pour supporter tout ça. Comme j'aimerais qu'elle se contente de sourire !

Je me tourne et vois que Sofia est émue. C'est étrange, je la fréquente depuis deux ans, mais je ne commence à la connaître vraiment que maintenant. J'ai l'impression de ne la comprendre que depuis quelques instants. " Ce sont mes parents qui l'ont inspirée ou c'est moi qui suis plus disponible pour l'écouter ? ", je me demande. Elle, elle a toujours été là et moi, c'est comme si je ne la voyais que maintenant.

« Comment s'appelle ton frère ? », lui demande mon père.

« Giorgio. »

« Je propose de porter un toast à Giorgio », affirme mon père, qui semble avoir saisi toutes les nuances de la phrase du frère de Sofia.

La glace est désormais brisée et l'atmosphère semble plus détendue.

« De toute façon, Agathe, à propos de mariage, selon moi, les séances auxquelles on devra assister seront toutes des crises après le divorce », reprend soudain son discours Sofia.

« Pourquoi y a-t-il autant de cas de divorce, qui provoquent un mal-être ? », demande tout de suite ma mère, intriguée.

« D'après moi, la question à se poser serait plutôt : 'Pourquoi y a-t-il autant de cas de mariage ?' », insiste Sofia, comme si son idée n'était pas déjà assez claire.

« C'est vrai ! Tu as raison ! », s'exclame ma mère.

" Elle lui donne raison ?! ".

« Mais tu as trouvé une réponse à ça ? »

« J'ai essayé. Je crois qu'il ne faut pas réduire l'amour à la simple relation de couple. Si on ne concentre notre amour que sur une seule personne, on risque de perdre tout le reste. »

Désormais, elles se répondent du tac au tac. J'ignore si je dois en être contente ou en trembler.

« Tu es en train de dire que tu pourrais sortir avec plusieurs personnes en même temps ? »

« Non. Je parle d'élargir le concept d'amour. De le révolutionner. De ne pas laisser tomber les autres personnes et choses que nous aimons, car cela voudrait dire que nous n'aimons pas du tout notre partenaire. Souvent, ceux qui se concentrent sur la relation de couple n'aiment plus leurs amis, leur famille, leurs animaux, enfants, choses, enfin tout ! Et ça, pour moi, c'est un concept réducteur de l'amour. Si on arrête d'aimer le reste au nom de notre mariage, si on ne voit rien d'autre, tout le reste vient nous appeler, pour nous rappeler que l'on a tout oublié. Et alors, on commence à être malheureux, à penser qu'on est malchanceux, à être déprimés, à divorcer pour nous réapproprier quelque chose qu'autrement nous n'arrivons plus à voir de nouveau, en pensant, entre autres, que la cause de notre mal-être est notre partenaire. »

« Mais peut-être qu'il y en a qui se rendent compte qu'ils ne s'entendent plus. »

« Absolument, mais dans ce cas-là, il est difficile de tomber en dépression. Dans ce cas-là, c'est fini et même si ça fait mal, on se rend compte qu'on a pris la bonne décision. »

« Tu es sûre d'avoir vingt-et-un ans ? »

Sofia sourit, puis continue, comme si de rien n'était : « je dis simplement que si le mariage ou le couple sont nourris par l'amour, on aura la merveilleuse certitude de pouvoir être nous-mêmes, même avec un compagnon à nos côtés ! »

C'est impossible ! Sofia vient tout juste d'exprimer la même pensée que celle qui figure sur la carte écrite par Emma et Justine, à savoir être soi-même même en étant avec quelqu'un ! Je ne comprends pas comment ça peut être possible !? Depuis que j'ai lu *cette* phrase, je ne fais que vivre au milieu des coïncidences !

Question reportée puisque, je remarque qu'en prononçant 'nous-mêmes', elle me regarde, d'une façon unique, d'un regard que personne ne m'avait jamais lancé. Comme si elle voulait m'envoyer un message.

Elles continuent leur conversation, mais je me perds dans mes pensées en me demandant, sans réussir à trouver de réponse, ce qui est en train de se passer. Ce que je devais entendre, je l'ai désormais entendu.

Après quelques minutes d'absence temporaire, je retourne sur terre et j'entends Sofia dire : « au fond, tout peut se résumer à la différence entre le besoin d'être avec quelqu'un et l'envie d'être avec quelqu'un. Si on en avait plus envie et moins besoin, il y aurait moins de mariages, mais aussi moins de divorces ! Si on en avait plus envie et moins besoin, il y aurait moins de divorces et nous, on changerait de fac ! », conclut-elle, en terminant par un rire, agréable à entendre.

La gêne a complètement disparu désormais, pendant que nous nous déplaçons sur le canapé pour boire le café.

« Moi, dans ce cas-là, je ferais des études de Vétérinaire », dis-je sans crier gare, en provoquant une expression identique et stupéfaite, sur les trois visages qui se retournent et me fixent soudainement.

« Comment ? », intervient immédiatement ma mère, avant même que j'aie eu le temps de finir ma phrase.

« Si je n'étais pas à la fac de psychologie, je ferais des études de Vétérinaire. Je veux travailler avec les animaux », j'explique mieux.

« Tu as encore le temps de changer », me rassure tout de suite Sofy, avec son sang-froid habituel et son éclatante lucidité mentale, qui m'étonnent toujours de façon très positive.

« Comment ça ? Elle est en troisième année ! », démoralise tout de suite ma mère, « Et puis, pourquoi tu dois toujours changer d'avis ? Pourquoi tu n'es jamais contente de ce que tu as choisi ?! »

« Tout à l'heure, quand Sofia parlait, je me suis rendu compte que moi, je ne dis pas, et je ne pense même pas, ce qu'elle a si bien expliqué ; je ne suis pas si intéressée que ça. Je veux travailler avec les animaux », j'admets, en baissant les yeux vers mes Doc Martens. Je les ai regardées tant de fois, en baissant les yeux par gêne, par distraction, pour passer le temps ou tout simplement parce qu'elles me plaisent, que j'en connais chaque couture par cœur. Les mots sont sortis tout seul, je n'ai vraiment pas réussi à les arrêter et désormais, je crains le pire ; je n'aurais pas dû mêler Sofy à ça. Je lève les yeux, croise ceux de mes parents, qui parlent à la place de leurs bouches et j'imagine que la conversation ne sera pas facile.

« Excusez-moi, je sais que ça a l'air d'être une intrusion familiale, mais désormais, je suis ici, et j'ai entendu », intervient mon Amie, après quelques instants de gêne totale. « Tu peux changer avant Noël, en t'inscrivant à la première année de Vétérinaire. Au moins, tu ne perdras pas les frais de scolarité pour cette année », conclut-elle, en employant un ton de paix absolue, comme si elle avait trouvé la solution à nos désordres familiaux, grâce à une formule magique, qu'elle vient tout juste de sortir de son sac.

Je l'adore, vraiment.

« Merci du renseignement, Sofia, mais on voudrait comprendre si le problème vient vraiment de la fac ou s'il y a autre chose », insiste ma mère, d'un air interrogateur.

« Bien sûr, je comprends », capitule Sofy, « Si tu veux, moi, j'y vais, comme ça vous pouvez en parler librement. Désormais la discussion est lancée. »

« Non, moi aussi j'ai besoin de mieux y réfléchir d'abord. J'aurais dû y penser avant de vous en parler, désolée », j'avoue.

« Réfléchis bien, ne gâche pas ce que tu as fait jusqu'à maintenant. Il doit y avoir une raison pour laquelle tu ne veux plus faire des études de psychologie », intervient enfin mon père.

« Oui, il y en a une. Je ne suis pas sûre que ce soit ce que j'ai envie de faire. Demain, j'irai me renseigner. » Malgré l'anxiété que je ressens en ce moment, car je me sens obligée d'expliquer et de justifier quelque chose dont, moi-même, je ne suis pas si certaine que ça et qui est né en moi de façon très naturelle et spontanée, je réussis à répondre d'un ton très calme, que je n'utilise d'habitude et de façon inconsciente, que lorsque je suis très sûre de ce que je suis en train de dire.

« C'est toi qui vois. Moi, je ne changerais pas. Mais renseigne-toi le plus tôt possible et on en parlera », s'efforce de se tranquilliser ma mère.

Heureusement, c'est tout pour ce soir et le discours se porte, j'ignore comment, sur les appareils photo de la collection de mon père ; Sofia est une vraie passionnée, comme lui. De toute évidence, ma mère a l'air soucieuse. Je l'aide à ranger et elle me suit dans la cuisine. Étrangement, nous parlons d'autre chose, de mon week-end français, elle me demande comment va mon bras et comment je me suis débrouillée, en me complimentant d'être partie quand même. Au fond, elle en est heureuse. Elle comprend à quel point je suis enthousiaste et motivée et pleine d'énergie grâce à mon voyage et elle reconnaît qu'il s'agit du pays où je suis née. Elle cache par moments, dans la lueur de son regard, un peu de mélancolie, mais la principale lueur de ses yeux révèle une certaine satisfaction, parce qu'au final, je suis quand même partie et je me suis aussi beaucoup amusée. De plus, elle doit sans doute être soulagée par le fait que je n'ai encore jamais rien demandé sur ma famille d'origine et que je me limite à m'enthousiasmer pour mes brefs ou longs voyages en France. En réalité, la liste des questions à poser aux deux personnes qui m'ont mise au monde est déjà très longue et augmente de façon directement proportionnelle aux anniversaires que je fête. J'ignore si je les rencontrerai un jour et si j'en parlerai un jour avec mes parents.

Je serre ma mère dans mes bras, lui dis de ne pas se faire des soucis et que je l'aime. Elle cède face à mon étreinte, en faisant de même. Je lui dis que je suis fatiguée et que je veux rentrer chez moi. Nous parlerons de tout en temps voulu.

16. SOIT JE M'ÉVANOUIS, SOIT JE VIS

« Merci », je chuchote à Sofia, pendant qu'elle démarre le moteur, pour aller vers Milan.
« De quoi ? »
« Tu m'as aidée toute la soirée et tu me demandes de quoi ? », lui dis-je en souriant.
« Je n'ai pas l'impression d'avoir été d'une grande aide, ils se sont beaucoup inquiétés ce soir. Mais quand est-ce que tu as réalisé ça pour l'université ? »
« À Paris, ces jours-ci. Je ne veux psychanalyser personne. »
Après quelques minutes de pause, elle reprend : « mais il y a des problèmes entre tes parents et toi ? »
« Aucun problème, juste un fil qu'on tisse, chaque fois qu'on parle un peu plus. »
« Un fil ? », me demande-t-elle intriguée, tout en prenant la route qui marque la fin de mon quartier, pour laisser place au grand boulevard qui mène à la ville. Chaque fois que je passe à cet endroit, mon cœur m'offre un sourire et des battements accélérés : c'est comme si je me réveillais d'un long sommeil

provincial, que mon cœur absorbait de nouvelles lumières et couleurs et que, ambitieux et fier, il faisait un bond en avant, vers un nouveau départ, pour atteindre le sommet, lorsque la clé de ma maison entre dans le trou de la serrure, en me rappelant toujours que quelque chose que je désirais tant – habiter ici – s'est réalisé et que les crises de panique et le mal-être que je ressens souvent ne m'ont pas empêchée d'avoir un chez moi, dans la ville que j'aime.

« Oui, un fil fin qui s'est créé entre nous, qui nous tient liés et en équilibre, mais qui tremble parfois. C'est comme s'il avait été noué quand j'étais encore petite, quand ils m'ont emmenée vivre ici et qu'il a grandi avec moi. »

« Ils t'ont emmenée vivre ici ? Je ne comprends pas. »

« J'ai été adoptée. »

Silence, elle ne parle pas, ne dit rien.

Après quelques kilomètres, elle reprend la parole : « bizarre, tu tiens de tes deux parents. »

Personne ne m'a jamais rien dit de la sorte. Déconcertée, je me perds à observer ses mains qui saisissent le volant avec assurance, sa conduite sportive et féminine.

« J'ai dit quelque chose qu'il ne fallait pas ? », me demande-t-elle.

« Au contraire », je réussis enfin à reprendre la parole. « Tu as dit une phrase que personne, même pas les autres membres de ma famille, n'avait jamais prononcée. »

« Je te jure, je ne l'aurais jamais deviné. Vous êtes beaux ensemble. Il y a une alchimie qui, à ce niveau-là, va au-delà du sang. »

Avec une larme de joie, je regarde la route qui défile devant nous, qui vacille désormais dans mes yeux, à cause de l'eau salée qui les remplit et que j'ai du mal à retenir.

Je réponds dans un souffle : « je pensais que tu te vexerais, parce que je ne te l'avais pas confié avant. »

« Non, me vexer voudrait dire donner de l'importance à quelque chose qui me semble tout à fait naturel, mais dont je sais que l'aveu peut prendre du temps. Tu n'es pas née d'eux, mais si vous, vous n'êtes pas une famille, je me demande ce qu'est une famille », explique-t-elle, sans ajouter un mot ou une question sur qui sont mes « vrais » parents.

« Tu préférerais recevoir une bague de fiançailles ou une brosse à dents ? », me demande-t-elle soudain, pendant que j'essuie d'une main les restes de mes larmes.

Je ne comprends pas du tout le lien qu'elle a fait, pour arriver à une question de ce genre, mais je décide de me limiter à répondre.

« Une bague de fiançailles, j'imagine. »

« Moi, une brosse à dents. Une bague, on te la met au doigt, en te promettant quelque chose qu'on ne sait même pas s'expliquer à soi-même, en s'improvisant sorcier, qui sait déjà qu'on sera toujours là, pour partir peut-être ensuite en emportant avec soi la magie d'un oui dit trop hâtivement. Mais si quelqu'un, un soir, te demande de le suivre dans la salle de bains de sa maison, prend une brosse à dents et la met dans le verre qui ne contenait jusqu'à présent que la sienne, ça, ça peut seulement vouloir dire : - Reste ou pars et reviens quand tu veux. Je veux que tu sois là, dans l'endroit le plus intime pour moi, c'est-à-dire chez moi. – Une brosse à dents ne brille pas, tu ne peux pas la montrer tout le temps, tu ne la portes pas toujours sur toi, elle n'est pas coûteuse, tu n'en parleras sans doute pas beaucoup à tes amies, ça ne se voit pas à un doigt, ça ne t'enchaîne pas le cœur avec des promesses que tu n'es pas sûr de pouvoir tenir, mais, chaque fois que tu le voudras, entre les murs accueillants du foyer, tu la verras, à côté de la sienne, telles les miniatures de deux personnes, qui sont là, tout simplement. »

« Mais après, comment tu fais pour montrer aux autres que tu es fiancée, sans bague ? », j'objecte, un peu confuse par ce très beau discours, mais trop innovateur en cette soirée absorbante.

« C'est simple, tu leur dis. »

« Ils te diront que ce ne sont pas de vraies fiançailles sans une bague. »

« Je n'ai jamais dit qu'on ne devait pas offrir ou qu'on devait refuser un cadeau comme une bague. Mais pas pour prouver aux autres que c'est vrai qu'on s'est fiancés. Et puis, je dis seulement que, si on me demandait de choisir entre montrer aux autres le scintillement de mes fiançailles ou vivre mon amour sacré, et profiter de la présence de ceux que je veux et qui me veulent, je choisirais sans aucun doute l'amour. »

« J'ai compris maintenant ; ce que tu as dit est tout simplement merveilleux. » Je ne me rends compte que maintenant à quel point Sofia est précieuse pour moi.

« De la même façon, je privilégie la qualité des rencontres à leur quantité. Mieux vaut qu'elles soient peu nombreuses et belles, plutôt que nombreuses et vides. »

« Mais ça ne limite pas un peu ton idée de la brosse à dents ? », je demande, toujours plus intriguée.

« Ça peut en avoir l'air, mais attends, je vais mieux détailler ma pensée ! »

« On dirait Mattia quand tu parles comme ça ! »

« Ah ah ! C'est vrai ! » Nous rions. « OK, je reprends mon registre linguistique habituel pour continuer. » Nous rions de nouveau. Nous l'aimons beaucoup toutes les deux et lui, il s'amuse énormément lorsque nous nous moquons de lui, parce qu'il sait que nous le faisons avec beaucoup d'affection.

« Je disais que peu importe le nombre de fois où tu utiliseras ou tu verras cette brosse à dents. Le fait est que tu es libre de partir et de revenir quand tu le veux, mais tu sais que ta brosse à dents est là à t'attendre, si tu le veux, si vous le voulez. Vous savez tous les deux qu'elle est là. C'est comme si c'était ta famille. Tu n'es pas née dans cette maison où se trouve maintenant ta brosse à dents, mais cette maison devient maintenant ta famille. Voilà ce que je pense des enfants adoptés », conclut-elle en souriant et en me regardant, en profitant d'un feu rouge. J'acquiesce bruyamment, pour lui montrer mon assentiment muet.

Le feu passe au vert, nous poursuivons vers mon appartement. Je me laisse bercer par les réflexions heureuses, nées de discours bien réussis et en toute affinité. En toute liberté.

« Je n'ai pas envie de m'enfermer chez moi. »

« Tu n'es pas fatiguée ? », me demande Sofia, étonnée.

« Si. Mais je me sens libérée de cette histoire de changement de fac que j'ai sortie et je n'ai pas du tout envie de m'enfermer dormir. »

« OK, allons boire quelque chose », dit-elle sans perdre de temps.

« C'est génial, pas besoin d'un tas d'explications avec toi. »

Elle sourit, se gare et nous nous promenons jusqu'au pub près de chez moi. Avant d'entrer, l'espace de quelques pas, elle me prend la main, puis la lâche presque tout de suite et nous nous asseyons.

Elle ne l'avait jamais fait et elle ne me donne pas l'impression d'être le genre de fille qui se promène main dans la main avec ses amies. En m'asseyant, je m'aperçois que j'ai un peu la chair de poule, et un sourire 'stupidétonné' sur le visage.

Après avoir commandé, je remarque qu'une fille assise à une autre table, n'arrête pas de me fixer ; elle me rappelle quelqu'un, mais je ne saurais certainement pas dire de qui il s'agit.

« Salut, tu n'étais pas à l'hôpital il y a quelque temps ? Je crois qu'on était dans la même chambre », me demande-t-elle en s'approchant de nous.

Oui, je l'avais vue. Je me souviens d'elle, mais je n'avais aucune envie de discuter à ce moment-là. Mais elle, elle s'est souvenue de moi. Combien de fois nos yeux gravent en nous un milliard d'images, pendant que notre esprit est occupé à penser : ainsi, nous ne nous rendons compte presque de rien. Mais parfois, les images reviennent. Je me souviens de la tendresse que son visage m'avait inspirée. Elle est plus âgée que moi, mais on dirait une enfant.

« Oui, c'est vrai ! Tu as raison ! »

Et maintenant, qu'est-ce qu'on se dit ? On se demande comment ça va ?

« Je m'appelle Agathe et elle, c'est mon amie Sofia. »

« Enchantée de faire votre connaissance. Moi, c'est Claudia. »

« Comment ça va ? », je demande en ignorant tout de la raison qui l'a poussée à être hospitalisée.

« Mieux, merci… Et toi, tu t'es fait mal…? »

« Oui, une légère fracture, encore quelques jours et puis, on m'enlève tout », je réponds comme si tout allait à merveille et que mon souci n'était qu'un problème osseux.

« Bien. Tu habites dans le coin, toi aussi ? »

« Oui, juste derrière. J'étudie à l'université de Milan. »

« Sérieux ?! Moi aussi ! Je fais des études de Vétérinaire. »

« C'est dingue, je disais justement à Sofia que je voulais me réorienter et passer de psychologie à Vétérinaire. »

« Waouh ! Je te laisse mon numéro, comme ça, si tu as besoin d'un coup de main, tu peux m'appeler, même pour un café. Ce sera avec plaisir. »

Elle est très affectueuse, je décide de faire de même avec gentillesse. Nous nous disons au revoir et elle rejoint le garçon avec lequel elle était en train de boire un verre.

« Ton non-sommeil était prémonitoire ce soir ! Elle peut sans doute t'aider. Elle est sympa. »

« Oui. »

« Demain matin, va te renseigner, c'est peut-être plus simple que ce qu'on ne croit. J'avais compris que ce n'était pas la bonne fac pour toi. Non que tu n'en sois pas capable, que ce soit clair, mais parce que tes yeux ne brillent pas quand tu es à la fac. »

« On ne peut pas dire que tu ne saches pas bien observer… », je réponds, un peu incrédule et un peu émue. « Je pensais vouloir aider des enfants en difficulté mais, de toute façon, je n'exclus pas de pouvoir le faire en partie ! Mais je voudrais laisser cette tâche à ceux qui se sentent vraiment une vocation pour ça. Moi, en ce moment, je la sens pour les animaux et je pense vouloir être vétérinaire ! »

« Je ne connaissais pas la raison de ta décision, mais c'était évident que tu voulais changer. Ou peut-être que tu veux juste travailler avec les animaux. Tu dois comprendre si tu veux les soigner ou si tu veux juste rester avec eux, les dresser... et alors peut-être tu peux finir tes études de psychologie avec une lueur différente dans les yeux. »

En souriant : « tu as raison. Tu vois, durant les instants qui précédent mes évanouissements, j'ai une image devant les yeux ; toujours la même. Je tombe, mais je ne me fais pas mal, je fais tout simplement semblant de tomber, entourée de chiens qui jouent avec moi et j'éprouve une immense joie ! Je ne l'avais pas compris avant, mais je crois que c'est vraiment ça, le travail que je veux faire ! »

« À toi et à ce que tu veux faire, Agathe. Quel que soit ce travail ! », dit Sofia en levant son verre.

« Il fait froid ! », je m'exclame en sortant du pub, une heure plus tard.

Sans dire un mot, Sofia me prend la main et la met dans la poche de sa veste avec la sienne. Je me réchauffe en deux secondes, mais je ne pense pas que ce soit dû aux propriétés exceptionnelles de sa veste... Qu'est-ce qui se passe ? Qu'est-ce qu'elle fait ?

« Alors, tu t'es un peu calmée ? »

Comment peut-elle me demander si je me suis calmée, alors qu'elle garde ma main dans sa veste ? Et ce n'est pas quelque chose que nous avons déjà fait auparavant...

« Oui... bien sûr... », dis-je.

" Oui... bien sûr, à part mon cœur qui a l'air d'être sorti de l'endroit où il devait rester et qui est en train de faire une belle promenade à travers mon corps, en mélangeant tous les organes entre eux, en me faisant voir avec les oreilles et entendre avec les yeux, marcher avec la tête et penser en sentant le sol qui défile sous la plante de mes pieds...", je pense.

« Tu as entendu ce que j'ai dit ? » Sofia remet tous les organes à leur place avec cette phrase, en laissant seulement une sensation d'étourdissement. Je crois qu'elle est en train de me parler d'un magasin qu'elle a vu, mais mes oreilles étaient indépendantes, déconnectées de mon cerveau et écoutent sans rien enregistrer du tout. Nos doigts sont désormais entrelacés et je ne sais absolument pas quoi répondre. Seule ma main existe désormais. J'entends ma voix, je me rends compte que je marche, mais tout est débranché. C'est comme si, désormais, mon cœur était là. Dans ma main droite. Et le sien, dans sa main gauche. Comme si nos cœurs se touchaient et s'étreignaient. Et qu'ils parlaient. À quoi bon parler et écouter, s'il se passe tout ça ? Mais, maintenant, j'ai l'impression qu'elle a envie de me raconter toute sa vie, elle parle à toute allure, sans s'arrêter et moi, je ne cesse de ne pas l'écouter.

« Excuse-moi, j'étais un peu distraite… »

Elle sourit. Qui sait ce qu'elle est en train de penser. On ne sait jamais ce qu'elle pense, elle arrive à bien le cacher, ce que moi, au contraire, je ne me décide absolument pas à apprendre à faire.

« Je disais que j'aimerais bien te présenter mon frère. Je veux essayer de renouer le contact avec lui, mais j'ai besoin de toi. Tu as envie de m'aider pour essayer de me rapprocher de lui ? Il me manque. »

Tout se passe trop vite, pour rester calme et gérer une crise de panique naissante. Mais le sentiment de base me fait me sentir bien, donc pour une fois, je me forcerai pour que la panique ne prenne pas le dessus.

« Pourquoi moi ? », je demande, intriguée. Pourquoi entrelacer nos mains, pour me demander de l'aide pour son frère ?

« Parce que je sais qui tu es, même quand tu te caches derrière tous ces 'jenesuispascapable' que tu dis si vite, sans même faire de pauses entre les mots, pour ne pas laisser de place aux répliques. Je vois qui tu es dans le silence, surtout dans le silence de tes regards. Je vois qui tu es dans tes yeux, qui m'ont souri quelquefois. Je sais qui tu es au fond de toi. Je sais que ton cœur bat fort, peut-être beaucoup plus fort que celui des autres et sans doute beaucoup plus fort que tu ne le penses, que tu ne penses en être capable. Et tu sais sans doute te faire couper le souffle, même si après, tu restes là, le souffle coupé et que toutes ces pensées remplissent ta tête, presque jusqu'à l'évanouissement. Tu ne te détends jamais et je suis sûre que tu te regardes souvent dans le miroir ou que tu voudrais le faire. Tu te regardes pour vérifier si tout est en ordre, si tu es présentable, si tu peux sortir de chez toi. Je sais qui tu es derrière tout ça et je sais que tu veux faire voir exactement le contraire de ce que tu es. Et tu y arrives, mais pas avec moi. Avec moi, tu es toi-même, même si tu ne fais rien. »

Elle se rapproche.
Avec une extrême lucidité, je pense : " soit je m'évanouis, soit je vis ".
Elle m'embrasse.

Un baiser qui fait en sorte que je ne sois plus ni femme, ni homme, ni vieille, ni jeune, ni au mauvais endroit, ni au bon endroit, mais tout simplement, qui fait en sorte que je sois. La musique qui sort du pub le berce, en l'accompagnant vers le cœur.
Ce n'est plus moi, ce n'est plus elle, c'est nous. Je ne vois pas ses yeux, mais je les ai regardés toute la soirée. Et elle, elle a pu regarder les miens. Impossible, dans l'obscurité d'un baiser, d'oublier la vision d'un regard qui est en nous.
5, 10, 15 secondes, ou bien 1, 2, 3 minutes, je l'ignore. Je sais que plus rien, à ce moment-là, n'a eu d'importance. Plus rien.

17. VU AUJOURD'HUI À 00h31

Appart. Canapé. Cahier.

15/10/2011

1) J'appellerais Sofia
1) Je danserais de joie chez moi, avec mon iPod dans les oreilles et je danserais aussi en boîte, sans être dérangé par les garçons-qui-ne-veulent-pas-du-tout-danser.
2) Le baiser de ce soir serait un vrai baiser, alors que là, ça n'a été rien d'autre qu'une erreur entre amies. Ça ne peut être que ça.

Sensations correspondant aux précédentes actions :

1) Émotion du prétendant
2) Liberté. Sans me sentir dans ce corps regardé par ceux par qui je n'ai pas envie d'être regardée. Je veux juste danser. Je ne serais pas un de ces garçons-qui-ne-veulent-pas-du-tout-danser.
3) Tristesse. Une immense tristesse.

Lit. Mal de bras. Pincement au cœur. Waouh, ça a été simplement fantastique.

SMS : " Encore désolée. J'ai appris que tu étais allée à Paris, j'espère que tu vas mieux. Demain, déjeuner ? Ale "
Réponse : " OK, à demain. "
Au fond, c'était elle qui avait abordé le sujet lors de l'un de nos petits-déjeuners. Au fond, c'est elle qui m'avait dit : « comment peut-on essayer d'embrasser une femme ? Et après, si ça te plaît ? » Mais ce n'était

pas adressé à moi, c'était un discours général. Je ne me souviens pas comment on a fait pour en arriver là.
Et maintenant que ça m'a plu ? Qu'est-ce que je vais lui raconter demain ?
Je ne me suis jamais évanouie quand j'étais seule. Il y a peut-être un mécanisme qui m'empêche de m'évanouir si je suis seule, parce que l'esprit reconnaît le danger. Peut-être que l'esprit sait déjà tout. C'est nous qui ne savons pas et qui jugeons.
Je suis seule et pour la première fois, je risque de m'évanouir en étant seule.

Whatsapp : " Pas de panique. Tout va bien. Je tiens à toi. Bonne nuit, Sofia "
Treize mots qui freinent l'accélérateur des pensées qu'on m'a accidentellement monté à la naissance. Ou peut-être que ma mère l'avait dans la tête et qu'elle me l'a passé, pour s'en débarrasser, et qu'ensuite, en le voyant en moi, elle est devenue folle et m'a gentiment abandonnée. Comme si ce « gentiment » changeait quelque chose.
Réponse : " Je tiens aussi à toi. Bonne nuit. Agathe "
Sofia – En ligne
Sofia – Vu aujourd'hui à 00h31

pendant que je me changeais pour la nuit, j'ai sorti de mon bagage les poèmes et je relis tout de suite la phrase qui unit Emma et Justine : " J'arrive parfois à percevoir certains de tes gestes silencieux qui se font miens et nôtres. Et cela me fait sourire dans le silence de nos dialogues. Penser à toi me fait penser que je peux rester moi-même. "

Peut-être qu'elles aussi, elles étaient de très bonnes amies. Peut-être que nous sommes vraiment de très bonnes amies. Peut-être que toutes les très bonnes amies font comme ça et que moi, je suis à des années-lumière de ce monde, en espérant seulement me réveiller dans la peau d'un garçon. D'un garçon-qui-veut-danser.

Après trois heures d'insomnie ; lumière tamisée, miroir. Je me regarde, sans me voir.

Même jour.
Même date.
3 heures plus tard

1) Je verrais le miroir réfléchir l'image que j'ai de moi en tête
1) J'irais me choisir les vêtements que j'ai en tête
2) J'arrêterais de m'inquiéter au sujet de mon image, en évitant ainsi de me conformer continuellement à tous ceux que je critique chaque jour, parce qu'ils ne soignent que leur propre image.

Sensations correspondant aux précédentes actions :

1) Merveille !
1) Satisfaction !
2) Âme.

Ça ne peut pas être vrai. Rien de ce qui est arrivé n'est vrai. Et encore moins ce que j'ai ressenti.

18. IL Y A TOUJOURS QUELQUE CHOSE À DEMANDER

« Comme toujours, avant de commencer, je voudrais savoir s'il y a quelque chose que tu souhaites me demander », débute la psychologue, lors de la séance de la semaine suivante.

C'est sûr que j'en ai des choses à demander.

« Qu'est-ce que l'amour ? » résume peut-être ce que j'aimerais demander.

« Il existe différentes théories et différents points de vue à ce sujet », me répond-elle avec son calme habituel, en se demandant peut-être pourquoi une jeune fille de vingt-et-un ans avec un plâtre au bras lui demande ce qu'est l'amour.

« J'aimerais avoir votre point de vue. » Je suis plus ferme et décidée que jamais.

« Dans ce cas, je vais te raconter une histoire :

Je connaissais un homme qui se réveillait chaque jour à 9h10, sans qu'aucun réveil ne sonne. Il ouvrait tout simplement les yeux chaque matin, se tournait vers l'horloge numérique, soigneusement placée sur la table de nuit, afin qu'elle soit bien visible en étant allongé et il remarquait qu'il était toujours 9h10. Ensuite, il regardait son fidèle ami, Thomas, un petit chien tout noir qui dormait à ses pieds, et lui disait : « ça, c'est de l'amour ! » Le chien n'ouvrait qu'un œil, plein de sommeil, le regardait, puis se mettait sur le dos, pour se faire câliner.

Un jour, l'homme hébergea un parent éloigné et, puisqu'il n'avait que son grand lit, ils dormirent ensemble. Le lendemain matin, à 9h10 précises, l'homme se réveilla et murmura : « ça, c'est de l'amour ! » Sur quoi, aussi bien le chien que l'invité ouvrirent un œil et ce dernier lui demanda : « mais qu'est-ce que tu racontes ? Amour ? Tu parles à ton chien ? » « Non », répondit tranquillement l'homme, « je parle à l'univers, pour qu'il transmette ce message à ma chère épouse, qui n'est plus ici. Je lui rappelle simplement que je l'aime toujours. Mon corps se réveille chaque jour à 9h10 et je l'avais connue le 9/10 de l'année 1945 ; chaque jour, il m'est permis de me réveiller à cette heure-ci, depuis des années désormais et, pendant ces 60 secondes, je revis les années durant lesquelles nous avons été proches physiquement. Elle est toujours avec moi, mais en cette minute, je lui rappelle que je l'aime. »

L'invité, ému, s'exclama alors lui aussi : « ça, c'est de l'amour ! »

Je suis perplexe. Tout cela ne m'émeut pas le moins du monde.

« Donc l'amour est synonyme de coïncidences ? »

« Je n'aurais jamais expliqué cette petite histoire comme ça, mais pourquoi pas ? », me répond-elle en souriant. « Ou peut-être que, de façon plus générale, c'est ce qu'on ne voit pas, mais que personne ne peut nier. C'est toi qui sais si c'est vrai ou faux. C'est toi qui sais s'il s'agit tout simplement d'amour ou pas. Et si c'est le cas, aucun parent éloigné ou ami proche ne pourra rien te dire. Au contraire, ils seront heureux, comme dans cet exemple. »

Je suis maintenant émue. Le sourire et les yeux de Sofia résonnent dans ma tête, son baiser inonde mon âme et son absence se fait présence. Ma peur devient de la frustration.

« Mais moi, j'ai peur. »

« En général, la peur s'éloigne beaucoup de l'amour. De quoi as-tu peur ? »

Je ne lui dirai jamais.

« Du péché, de ma mère, de mon père. Qu'est-ce que je vais devenir ? », dis-je en transpirant et en tremblant et la psychologue commence à comprendre qu'il y a vraiment un problème.

« Bois un coup et explique-moi tout, tu sais que ça reste entre nous. Fais-moi confiance. Je ne parlerai pas de tes problèmes. »

« Jenesuispascapable de le décrire, mais j'ai ressenti quelque chose quand ça s'est passé. »

« Qu'est-ce qui s'est passé ?! »

Je ne lui dirai jamais.

« Le baiser ! Le baiser d'hier ! »

« Et pourquoi ça devrait te faire peur ? »

« Parce que la personne qui m'a embrassée s'appelle Sofia ! Et je ne peux sans doute pas mettre son nom au masculin, n'est-ce pas ? », je m'exclame et je sens que je suis rouge et en sueur, et ma voix résonne dans cette pièce, et la psychologue ne dit maintenant plus un mot.

Je ne devais pas lui dire. Je n'aurais jamais dû.

« Et ça t'a plu. C'est ça ? »

« Oui. Non ! Non, ça ne peut pas me plaire ! Ça n'a pas pu me plaire. »

« OK, calme-toi, il n'y a rien de mal à ça et tu n'as rien fait de mal », essaie-t-elle de me tranquilliser immédiatement.

« Comment je pourrais me calmer ? Je l'ai laissée faire, parce que je donne toujours l'impression d'être celle qui ne veut rien faire. »

« Juste pour ça ? »

« Oui, juste pour ça, mais je ne le voulais pas et maintenant, je me sens très mal, j'ai fait quelque chose qu'ils n'accepteront jamais. »

« Qui ? »

« Mes parents, vous imaginez ? Et puis, personne n'accepterait une chose de ce genre. »

« Moi, si. »

Pause…

Pause…

Silence…

Interminable…

« Écoute Agathe», reprend la psychologue, « c'est normal que tu sois bouleversée par quelque chose de nouveau que tu n'avais jamais fait avant. La première fois que l'on fait quelque chose, c'est normal de se sentir comme ça ! »

« Mais ce n'est pas la première fois ! », je hurle. « Enfin si, d'un certain côté, c'était si beau que je pourrais le considérer comme ma première fois… »

« Bien, au moins, tu sais que ça t'a plu. »

« Non, non, non, ça ne m'a pas plu, j'ai menti !!! Et la première fois, à dix-huit ans, ça m'a démolie ! »

« Tes crises de panique viennent de là ? »

« Je n'ai pas de crises de panique ! »

« Et c'est quoi, alors ? »

« De la peur ! »

« Et ta peur vient de là ? »

« Oui », je rends les armes, avec un filet de voix, dans un anticlimax d'émotions.

« OK, parle-m'en. »

Les yeux baissés vers le tapis, je parle d'elle, de Dafne.

Je parle de la fille compliquée de vingt-quatre ans, qui m'avait ensorcelée et que j'avais dû vite oublier. Elle me collait maladivement, puis tout à coup, ne me calculait plus.

« Avec elle, je devenais folle. Sans elle aussi. Elle disait que je devais tout apprendre et que je n'étais pas capable de faire les choses comme ça. Et moi, je l'ai crue. »

« Quelles choses ? »

« Tout : la vie, l'école, les amis, je ne savais même pas m'asseoir correctement, selon elle. »

« Pourquoi tu es restée ? »

« Parce qu'au début, elle n'était pas comme ça. Parce que finalement, je pensais qu'on était plus amies qu'autre chose. Parce que j'allais mal et je voulais lui prouver que j'arrivais parfaitement à aller bien et à rester debout, j'y arrivais… »

« Et comme ça, elle t'a détruite… »

« Exactement… »

Je lui raconte quand elle m'a dit qu'elle ne pouvait plus rester, qu'elle devait partir, que j'étais une enfant et que je n'étais certainement pas en mesure de la comprendre. Elle a claqué la portière de la voiture et s'en est allée. Et je n'ai plus jamais eu de ses nouvelles.

« Tu aimerais la revoir ? »

« J'espère ne plus jamais la rencontrer », je conclus, d'un ton sec et contrarié. Sans voix et avec beaucoup de souffle. Un souffle de colère et le regard ferme, peut-être pour la première fois, parce que je l'ai enfin raconté à quelqu'un.

« Il est possible que tu aies démasqué son ego et qu'elle ait refusé de l'accepter, elle ne s'acceptait pas et t'a quittée. Ce n'est pas de ta faute. »

Des larmes sucrées inondent mes joues.

La psychologue me laisse pleurer.

Au bout d'un moment, après avoir attendu que je les aie toutes avalées, elle me tend un mouchoir et continue : « je crois qu'il y a deux Dafne. »

« Comment ça ? »

« Il y en a une au volant de sa voiture, ou à pied, peu importe où elle se trouve. L'autre est piégée là, dans ta tête, et c'est celle qui est parfaite qui est restée là. Celle que tu arrives à voir. Celle que tu avais démasquée et que tu avais comprise. Mais elle est seulement là. Elle est seulement 'à toi'. »

« Elle a fait une erreur en me quittant, j'avais tout compris d'elle. »

« Et si son erreur n'en était pas une ? Si c'était mieux pour toi ? Si on essayait de penser à elle comme elle est et non pas comme à cette Dafne parfaite qui existe encore dans ta tête ? »

« Ce ne sont que des bribes de souvenirs. »

« Ce sont celles qui suffisent. »

« Qui suffisent à quoi ?! »

« À en tirer une leçon pour la vie ! »

Silence de ma part.

« Très bien, la prochaine fois, si tu v… »

« Elle arrivait avec le silence, elle arrivait le dimanche quand il n'y avait plus de tâches à effectuer, quand tout le monde quittait la ville, pour se changer les idées. Quand tous les habitants de son quotidien la quittaient, pour aller vivre leur vie. Le silence la dérangeait, la faisait réfléchir sur ces sensations confuses récentes qui avaient envahi son esprit de façon inattendue. Elle me cherchait à Noël, lorsque la neige avait recouvert le sommet des collines, qui servaient de miroir au tiède soleil, qu'elle n'arrivait pas à regarder toute seule. Elle m'avait amenée le voir, avec elle, pas très convaincue de vouloir vraiment me donner la main, mais finalement, elle l'avait prise, en la gardant un peu, en la caressant et en cherchant à lire dans mes yeux ce qui était en train de se passer, craignant de découvrir qu'en réalité, elle le savait déjà, on le savait déjà toutes les deux. Deux mondes aussi différents qui entrent en collision créent beaucoup de chaos, mais c'est de là que tout naît. C'est là que se trouvent les émotions les plus fortes. Et moi, je savais que son immense peur était celle de découvrir que ma compagnie lui plaisait, et certainement pas le contraire. Combien de fois j'ai rêvé d'elle, je l'ai reniée et combien de fois j'ai eu l'impression que mon cœur me faisait mal tellement elle me manquait. J'ai appris à vivre sans elle, mais j'ai encore une douleur au cœur, je dirais aigre-douce. Aigre parce que je l'imagine souvent à mes côtés et, lorsque je me retourne, je vois qu'elle n'est pas là. Douce, parce que son sourire et ses yeux ont trouvé une dimension en moi et existent en moi. En trois ans, il ne s'est pas passé un seul jour sans que je ne pense à elle et j'aimerais immensément qu'elle me dise, en me regardant dans les yeux : « je suis vraiment là. Le dimanche comme au quotidien. »

Silence de sa part.

Qu'elle brise après : « tu as peur ? »

« De quoi ? »

« De ce qui t'est arrivé, de ne pas oublier Dafne. »

« Un peu. »

« Comme tu l'as dit, il se pourrait que tu ne doives pas l'oublier. Tu peux la laisser là, se balader quelque part dans ton cœur, mais tu ne dois pas forcément l'oublier, ni te sentir fidèle à l'idée que tu t'es faite d'elle. Car elle, elle n'est pas là. Tu peux voir si tu peux vivre d'autres histoires. Tu le pourrais vraiment. Je crois que c'est elle qui avait peur et toi, pour la protéger et la garder avec toi, tu as pris sur toi ce qu'elle ressentait et là, c'est toi qui as peur. Tu peux continuer à l'aimer d'un amour universel, mais cela ne signifie pas l'aimer comme la personne qui sera à tes côtés ou que tu voudras à tes côtés. C'est-à-dire quelqu'un à aimer et qui t'aime. L'amour dans ce sens-là, c'est quelque chose de différent de Dafne. »

« En effet, je ne veux, ni ne peux l'oublier dans un sens universel. D'autres histoires, peut-être, mais pas avec des femmes. »

« Pourquoi ? »

« Parce qu'elle m'a fait trop mal, la femme. Et puis, elle était unique. »

« Tu ferais la même erreur que Dafne. C'est comme si l'imiter était un moyen de la garder avec toi. Tu renonces aux femmes parce qu'au final, elle a renoncé à toi, à une femme, et non pas parce que tu nourris un sentiment particulier envers un garçon. Ou je me trompe ? »

« J'ai un bon ami, Mattia. Je pourrais peut-être essayer avec lui et oublier cette folie des femmes. »

« La folie serait d'oublier de suivre ce qui te plaît. Si Mattia te plaît, parfait, mais ne sors pas avec lui juste parce que c'est un garçon. Tu deviendrais auto-homophobe et tu imiterais quelqu'un qui t'a fait mal. Même si elle reste dans ton cœur, tu devrais essayer de laisser partir Dafne, pour ensuite comprendre avec exactitude avec qui tu veux sortir, si tu veux sortir avec quelqu'un. »

« Exactement, SI je veux sortir avec quelqu'un. »

« Oui, SI. Mais de toute façon, tu devrais laisser partir Dafne. »

Je me sens soudain écoutée. J'ai l'impression que quelqu'un a finalement compris et accepté ma souffrance et ma peur ; mon humeur s'améliore dangereusement.

« Bien, passons aux devoirs pour la prochaine fois : c'est comme l'autre liste, mais cette fois-ci, tu écris TROIS ACTIONS QUE TU AS OSÉ FAIRE SANS AVOIR PEUR et TROIS SENSATIONS QUI DÉCOULENT DE CES ACTIONS. C'est valable pour n'importe quoi, du moment que c'est quelque chose qui te faisait peur mais que tu as quand même osé faire. »

Je souris ; elle a l'air satisfaite.

« OK. »

« En parlant de devoirs, comment ça va à l'université ? »

Oh non. Je pensais que l'interrogatoire était fini.

Je lui parle de la décision que je dois prendre et de ma passion pour les animaux.

« Tu pourrais envisager de finir la fac et ensuite, décider si tu veux obtenir un second diplôme ? »

« Je pense que oui, mais je ne voudrais pas perdre de temps. »

« Si tu obtiens ton diplôme, ce ne sera pas une perte de temps, ce sera pour toi. Ensuite, tu pourras faire autre chose. Dis-moi, pourquoi ce doute sur la psychologie, ça a quelque chose à voir avec la peur ? »

Silence. Le même silence que l'on entend au cinéma, à la fin d'un film qui fait réfléchir, d'un film que l'on ne va pas voir pour bien rigoler ou pour s'amuser. Non, je parle de ces films psychologiques, justement, où la fin fait discuter. Où la fin fait réfléchir ou bien, où tout le film nous a fait réfléchir, a provoqué une introspection en nous, ou bien nous a laissés plus vides qu'avant, ce qui n'est pas forcément quelque chose de négatif. Ces silences, que personne n'ose interrompre, parce que la question <ça t'a plu ?> posée hâtivement au voisin de fauteuil n'a pas encore besoin ou raison d'être, ou mieux, ne peut pas encore interrompre les faibles et profondes conclusions, que notre esprit est en train de tirer du film.

« Les animaux. J'aime les animaux. Je veux travailler avec les animaux, mais je ne suis pas sûre de vouloir devenir vétérinaire. J'aimerais avoir le temps et la possibilité de choisir mon travail en paix, mais je ne peux plus, je ne peux plus, il est trop tard ; mes parents ne seraient jamais d'accord. Maintenant, je fais des études de psychologie, comment pourraient-ils comprendre ? » Et j'ajoute, avec des mots mouillés de larmes : « j'ai toujours voulu un chien, ils ne me l'ont jamais offert, ils n'ont jamais voulu que je le prenne, comment pourraient-ils comprendre mon amour pour les animaux ? Encore pire, comment pourraient-ils comprendre que je puisse avoir envie de travailler avec les animaux sans pour autant me diplômer en Vétérinaire ? »

« Bravo, Agathe. »

« Bravo ?! »

« Tu viens juste de te débarrasser d'un poids et ça, c'est vraiment stupéfiant. Je croyais en toi et en ton secret caché. Je crois que c'était ça. »

« Excusez-moi, je vous ai dit que je suis sortie avec une fille, je pensais que c'était ça mon plus grand secret. »

« Non, ça, c'est ce que tu n'as pas confié à tes parents et je ne sous-estime pas la question ; mais ça, c'est ce que tu ne t'étais pas dit à toi-même et je ne surestime pas la question. Je crois que tu dois apprendre à faire quelque chose de ta vie ; penser tout simplement à toi, et ce n'est pas la phrase habituelle toute faite, et ne pas faire attention à ceux qui te disent qu'il s'agit d'égoïsme sain. Non ! Ce n'est pas du tout de l'égoïsme ! C'est juste qu'une fois que tu as affronté tes propres démons, tu as aussi affronté ceux qui, en ce moment, te critiquent et te disent que tu ne vaux rien, parce que tu t'es peut-être laissée entraîner par quelque chose et tu t'es inscrite à une fac qui ne t'intéressait pas. Le travail, c'est important, Agathe. Tu as vingt-et-un ans, pas quatre-vingt-deux et tu peux encore choisir. Autrement, tu passeras ta vie à le regretter. Et à vingt-et-un ans, mais aussi à quatre-vingt-deux, il n'est pas trop tard pour faire ce que tu souhaites. Comment ça se fait que tu te sois inscrite en psychologie ? »

« Parce que ma grand-mère a passé les derniers jours de sa vie à l'hôpital et moi, j'y ai passé quelques nuits. Il y avait une fille hospitalisée à côté d'elle et il m'arrivait de lui offrir une cigarette sur les escaliers de secours. Elle avait tenté de se suicider tandis que ma grand-mère était en train de se battre pour vivre, victime d'un AVC nous laissant tous non préparés à son absence. Moi, j'écoutais cette fille et je ne comprenais pas ce qu'elle avait, mais j'essayais quand même de lui dire quelque chose. Ma grand-mère est sortie du coma pendant exactement dix secondes et ça a été pour me dire au revoir à moi, pendant que tous les autres étaient retournés pour discuter. Elle n'a plus jamais parlé ensuite. La fille a tout entendu et m'a dit que, selon elle, j'étais quelqu'un de spécial et j'aurais dû m'occuper des autres, en faire mon métier. Je me suis sans doute inscrite en psychologie seulement pour me souvenir de ma grand-mère ; dans la dernière phrase qu'elle a prononcée en étant en vie. »

« Je suis convaincue que cette fille avait raison, tu peux aider les autres si c'est ce que tu veux et ces autres peuvent avoir quatre pattes et une queue ou des ailes ou tout ce que tu veux. Et tu peux aussi aider les êtres humains et ça ne signifie pas que tu doives être payée pour ça et que tu doives être psychologue. Ou bien, vu que tu es bientôt à la fin, tu te diplômes et ensuite, tu fais exactement ce que tu te sens de faire. Qu'est-ce que tu en dis ? »

« Je pense que vous êtes une très bonne psy, mais là, je suis dans un état total de confusion. »

« Je crois plutôt que tu es dans un état total de révolution.... à propos de révolutions... Tu veux un chiot ? La chienne d'une dame que je connais a eu une portée de chiots et elle les offre... si ça t'intéresse... »

« C'est l'un des plus grands rêves et souhaits de ma vie... mais... »

« Mais ta mère ? »

Je souris.

« Tu te souviens ? C'est la vie de qui ? »

« Mais ce sont eux qui ont l'argent... »

« Commence par te trouver un petit boulot, dog-sitter par exemple ! Il n'y a rien de mal à ça et tu subviendras aux besoins de ton chiot. C'est le meilleur moyen pour commencer à travailler avec les animaux... »

« Ça fichera un coup à mes parents. De psychologue à dog-sitter ; tout ça ne convient pas à une jeune fille qui a grandi dans la luxueuse Brianza ! »

Cette fois-ci, c'est elle qui rit et pour la première fois, je la vois vraiment sereine, pendant qu'elle me regarde. Elle comprend que je suis en train de plaisanter. Je ne plaisante pas, mais peut-être qu'au fond je commence à pratiquer un peu l'ironie.

« Penses-y. Si tu veux, tu peux le faire et tu trouveras aussi le moyen de le réaliser. »

Je la remercie, en me levant. Je lui dis au revoir, j'ouvre la porte, je lui tourne déjà le dos lorsqu'elle m'arrête avec ces mots : « quand je ne trouve plus de solution, je m'allonge ou je marche en imaginant que beaucoup, mais vraiment beaucoup d'eau m'inonde entièrement. Tu sais, comme quand tu plonges ? Quand, au moment précis de l'impact de ton corps avec l'eau, tu ne penses à rien. Tu ne le peux pas, c'est ton corps qui domine ton esprit. C'est le moment précis où l'esprit est anéanti par la vie elle-même. C'est durant cette seconde que tu arrives à ne penser à rien et à être exactement qui tu es. La vraie magie consisterait à réussir à découvrir ce que tu es. À comprendre ce que tu es à ce moment-là et à le reproduire durant toutes les autres minutes. Le plus souvent possible. Donc, quand je ne trouve plus de solution, je fais semblant de plonger, pour comprendre qui je suis, me retrouver et reproduire ce moi dans la vie. Moi, j'ai fait comme ça à un moment donné. Au revoir, Agathe, bonne semaine. »

Elle met fin à la séance un peu hâtivement, en me laissant perplexe. Qui sait ce qu'elle voulait dire par " à un moment donné "... Je m'interroge en sortant. Dommage, je n'ai pas osé le lui demander.

19. LES AUTRES YEUX

« Entre, ma chère », me rassure Madame Justine, en me voyant hésiter sur le pas de sa porte. Autant je n'ai aucun problème particulier à recevoir des invités chez moi, autant j'ai du mal à entrer chez quelqu'un, parce que je n'arrive jamais à comprendre jusqu'à quel degré je peux m'immiscer dans sa vie ou son intimité, même si l'on m'a invitée.

Incertaine, j'entre. Je me retrouve enveloppée par un rectangle qui ressemble à la pièce d'une exposition de photos. Photos en noir et blanc de deux femmes, pour la plupart. Toutes accrochées à la même distance les unes des autres. La lumière du soleil, provenant de la pièce principale adjacente fait ressortir des reflets de sourires et de regards, en révélant, à l'observateur attentif, les états d'âme des protagonistes.

Je suis fascinée et Madame Justine me laisse faire. Au bout de quelques instants, elle interrompt mes pensées et mon silence ainsi : « c'est elle, Emma », comme s'il n'y avait rien d'autre à ajouter.

« Elle est très belle », j'admets, « vous l'êtes toutes les deux. »

« Tu es très gentille, ma chère, mais viens donc t'asseoir. Tu veux boire quelque chose ? »

« Merci, Madame. Juste un peu d'eau. »

« Tu peux m'appeler Justine et me tutoyer, ça me fait plaisir », m'exhorte-t-elle, lorsque je m'assieds sur le canapé du grand salon style années 50.

Je lui souris et elle me demande des nouvelles de ma santé, question à laquelle je ne sais pas exactement quoi répondre. Je lui raconte simplement les derniers événements et elle acquiesce, en répandant un calme absolu.

« Je suis contente que tu ailles mieux et que tu m'aies recherchée. Ça m'avait marquée de te parler. »

« Effectivement, moi aussi », je réponds par monosyllabes, car je cherche absolument un moyen de parler de la phrase sur la carte de visite, mais sans être indiscrète, étant donné que nous ne nous connaissons que depuis peu.

« Allez, parle-moi un peu de toi, de tes passions. »

Cette dame a un ton de voix si tranquille qu'il est impossible de ne pas lui répondre et de ne pas commencer à lui raconter. « Je suis étudiante en psychologie, j'en suis à la troisième année. L'autre jour, quand vous m'avez aidée à aller à l'hôpital, j'aurais dû participer au deuxième laboratoire d'analyse psychologique et pour la deuxième fois, je me suis évanouie, ce qui veut dire que je suis en train de perdre le plus intéressant. »

« Oh, ma pauvre, combien de laboratoires reste-t-il ? »

« Une dizaine, je crois. Mais le laboratoire, c'est moi qui suis en train de le faire en ce moment, parce que je suis suivie par une psychologue. »

« Mince, et comment ça se fait ? »

Je me rends compte que c'est la première fois que j'en parle comme si de rien n'était. « Un complot maternel, provoqué par diverses inquiétudes. »

« Ah, les mamans vivent vraiment pour trouver toutes les meilleures solutions pour leurs enfants, et bien souvent, elles ne s'occupent même plus de leur propre vie, afin de réussir à tout prix à trouver une vie meilleure pour leurs enfants. »

« Oui, mais je suis fille unique, donc toutes les solutions sont pour moi », dis-je en souriant ; je ne veux certainement pas faire passer ma situation pour plus pénible qu'elle ne l'est déjà pour ma mère et moi.

« Tu sais, parfois, on finit au dernier endroit que l'on aurait souhaité, uniquement pour une question de coïncidences et souvent, c'est justement là où on devait aller et, parfois, on a aussi la chance d'en comprendre la raison. »

« C'est ce qui s'est passé pour vous quand vous avez déménagé en Italie ? »

« Non, malheureusement, je n'ai pas encore trouvé la raison profonde à ça. Au fond, j'ai suivi mon mari, mais quand il est décédé, je suis tout de même restée ici. Combien de fois j'ai pensé à la France, combien de fois j'ai pensé à Emma, à la chercher de nouveau, mais ensuite, je me disais à chaque fois que le passé était le passé et qu'il vaudrait peut-être mieux rester ici désormais, avec les certitudes acquises. »

« Je suis allée à Paris dernièrement. » Les mots sont sortis tout seuls, d'un trait, comme à chaque fois que je veux dire quelque chose depuis longtemps et que je n'y arrive pas.

« Vraiment ? Et c'était comment ? »

« Toujours magique, dès qu'on y met les pieds, je trouve. »

« Oui, c'est Paris tout craché... »

« Justine, il faut que je te parle. » Mon souffle est finalement modulé par mes idées et j'arrive à dire ce qui me trotte dans la tête depuis plusieurs jours.

« Qu'y a-t-il ma chère, quelque chose ne va pas ? »

Je lui montre les poèmes dont j'ai pris connaissance.

Justine se raidit. C'est la première fois que son visage devient si sérieux, presque mélancolique, témoin de l'âge qu'elle a, des années qui sont passées, mais je ne peux pas faire marche arrière, je dois tout lui dire, ça pourrait être important.

« À Paris, j'étais en train d'attendre Milo, à l'extérieur de l'école de musique... »

« L'école de musique au bord de la Seine. »

« Oui », je réponds étonnée, en faisant une pause, pour lui permettre de réfléchir. « Et j'ai trouvé ça caché sous un banc. »

Je la laisse lire, qui sait si elle comprend quelque chose, si la Justine de ces poèmes est vraiment elle ou si je me ridiculise plus que jamais. Désormais, j'ai pris le risque...

Justine a les larmes aux yeux, mais me dit : « comme j'aurais voulu que ces mots soient pour moi. »

« Justine, il y avait aussi une carte avec ces poèmes... la même phrase que sur ta carte de visite ! »

Elle reste un moment silencieuse face à tout ça... elle lit et relit, je crois qu'elle ne se souvient même plus que je suis ici avec elle. Je vais lui chercher un peu d'eau, et en passant près de l'entrée, je remarque, près des photos, un objet qui attire mon attention. Tel un aimant, il m'attire tellement que je ne peux pas lutter contre ma curiosité. Il s'agit d'une broche. D'une broche en forme de lunettes. D'une broche identique à celle que m'a offerte ma mère et que j'ai tant critiquée. Je me sens soudain bête. Je m'en veux pour ma mère, pour mes réactions, je m'en voudrai toujours. Elle voulait juste que je me sente spéciale, elle souhaitait que je me sente unique et différente, mais dans le bon sens... et moi, j'ai dû la rendre si triste. Qu'est-ce que les enfants peuvent être égoïstes.

Après avoir ravalé quelques larmes, je sors de mes pensées et prends la broche en main. Nous sommes deux personnes uniques ? Pourquoi avons-nous la même broche si elle est censée être unique ? Comment se fait-il que nous ayons la même broche ?

« Tu vas m'aider à chercher Emma ? », me demande Justine d'un ton décidé, en haussant un peu la voix et en articulant bien les mots, étant donné que je me trouve dans l'entrée.

Je crois que c'est la première fois que quelqu'un me demande de l'aide pour faire quelque chose qui le concerne. Ça voudrait dire retourner dans mon pays natal, mais aussi dans ma ville. Je me raidis, je suis encore secouée par la broche et je ne sais pas vraiment quoi répondre. Tout en réfléchissant, je m'assois de nouveau face à Justine, la broche dans la main.

« Cette broche, c'était la sienne, mais je l'aimais tellement qu'elle me l'a offerte. Elle disait que c'était sa mère qui la lui avait offerte et que c'était un objet spécial pour elle. Il n'y en a que deux exemplaires en circulation, bien que ce ne soit pas un objet de grande valeur. Ça fait partie de la théorie d'un artiste, qui a voulu en créer deux exemplaires et les vendre à deux personnes différentes. Les lunettes sont un objet intéressant d'après l'artiste : elles sont aussi bien un moyen de mieux voir ce qui nous entoure qu'un embellissement de nos yeux, qui deviennent des tableaux, protégés par le verre et encadrés par des couleurs et des formes toutes différentes ; la protection de la façon dont nous pouvons percevoir la réalité à travers la vue. Il n'en a créé que deux exemplaires, parce que les verres sont au nombre de deux, tout comme les yeux. Il a vendu les broches à deux personnes qu'il considérait spéciales, qui, à leur tour, les ont offertes à deux personnes spéciales et il ne faut jamais briser la chaîne. »

Je suis abasourdie ; je possède l'un de ces deux exemplaires et j'en ai voulu à ma mère parce qu'elle me l'a offerte. Je lui ai dit que je voulais la broche à la mode, celle que tout le monde avait et je ne lui ai même pas donné l'occasion de me raconter cette histoire. Ça ne m'arrive presque jamais de vouloir revenir en arrière dans le temps, mais en ce moment, je donnerais n'importe quoi et je reprendrais tous les parcours du monde pour pouvoir changer ce moment. Pour pouvoir remercier ma mère de m'avoir rendue spéciale, pour pouvoir entendre cette histoire de sa bouche, pour pouvoir la serrer dans mes bras et toujours porter la broche sur moi. La broche en forme de lunettes ; un privilège artistique. J'espère trouver la force d'améliorer les choses, de parler avec elle, de risquer le tout pour le tout pour lui dire ce que je ressens. J'espère qu'un jour, ce sera possible. Pour l'instant, j'arrive juste à me taire, sans bouger un seul muscle face à ces yeux, entourés de rides et de lunettes qui cherchent dans une broche et dans mes yeux n'importe quel moyen, un signe, un geste, une possibilité, pour retrouver ne serait-ce qu'une seule fois, les autres yeux, ceux dont elle a toujours rêvé, même si elle ne le dira jamais : les yeux d'Emma.

« Le week-end prochain, je t'accompagne en Côte d'Azur, on part chercher Emma. »

« Je réserverai l'hôtel ; j'en connais un très bien », me dit-elle d'une voix brisée par l'émotion ou par toutes ces émotions confuses qui se sont emparées d'elle, pendant qu'avec ses mains, marquées par les années passées, elle serre de toutes ses forces, en repliant légèrement ses doigts sur eux-mêmes, les feuilles, tel un trésor précieux retrouvé, telle une réponse à ses prières, telle une période retrouvée, une période révolue, tels des rires interrompus par des décisions obligées, par des années passées à s'adapter à la vie, une vie que ces feuilles ont rendue en un éclair. Désormais, elle peut regarder par la fenêtre, sereine, vers un nouvel avenir et moi, je peux me rendre chez mes parents, récupérer ma broche, regarder mon père et ma mère dans les yeux et leur sourire et arrêter de regarder par la fenêtre, en cherchant quelque chose qui est déjà chez moi. Et je peux me rendre là où je suis née, là où j'ai été abandonnée, sans ne plus avoir peur, parce que c'est là que j'ai connu mes parents et ce sont eux qui se sont occupés de moi. Les mots d'Emma ont rendu sa liberté à Justine et la broche en forme de lunettes m'a rendu la mienne.

Nous restons silencieuses un moment, ensemble et seules. C'est comme si nous venions tout juste de déchiffrer le message le plus profond, celui qui nous tenaillait depuis des années, celui qui nous tourmentait et, à cause de cet effort, nous devons maintenant nous reposer. Elle ne me raconte pas les détails de sa vie, mais maintenant, il n'y en a pas besoin, ni pour elle, ni pour moi. C'est très bien comme ça.

Nous nous regardons et je dis à Justine qu'il est temps que j'y aille et que je passerai la prendre vendredi à midi, comme ça, nous pourrons toutes les deux retourner dans 'notre' terre, empreinte de mystères que nous avons pu dévoiler, unies par un fil invisible, incroyablement élastique mais incroyablement résistant.

« Garde-la, ma chère Agathe », me dit-elle alors que j'ai déjà franchi le seuil de son appartement, en me tendant une feuille, pliée en quatre, jaunie, qu'elle a sortie de la poche de sa jupe élégante et bien repassée. « Lis-la quand tu veux et garde-la avec toi. Emma ne l'a jamais lue, je n'ai jamais trouvé le courage de la lui donner. »

« D'accord, Justine, je la lirai », je lui promets.

« À vendredi... »

« Bonne journée, Justine. »

Et avant de refermer la porte, sans même me dire au revoir, elle ajoute, d'un seul trait ; « Le 'pour toujours' n'existe pas, c'est le 'toujours' qui existe et pour moi, le 'toujours', c'est elle. Le 'toujours' comprend le passé, le présent et le futur. »

Et elle me laisse comme ça, la porte fermée, une feuille jaunie entre les mains et le cœur qui bat la chamade. Je voudrais m'asseoir, attendre qu'elle m'ouvre de nouveau, mais je préfère m'en aller.

Peu de temps après, dans le métro, je ne pense pas même une seconde à la façon dont je suis habillée et à chercher des idées pour le style que je suis censée avoir, mais je lis et relis pendant tout le trajet le petit mot que Justine a gardé dans sa poche pendant tout ce temps...

" je pense à toi. tout le temps. mais en cette soirée silencieuse, plongée dans la nature, je me sens et, en me sentant, je te sens. je suis sauvage, pure. je n'utilise pas de majuscules pour t'écrire, car mes pensées pour toi n'ont pas de début et les points finals ne servent qu'à articuler les sensations, ils n'indiquent pas une fin des pensées pour toi. ce soir j'ai mis les pieds dans la terre mouillée de l'eau que j'utilisais pour désaltérer cette pelouse et j'ai enivré mon être de mon inclination naturelle pour la nature, pendant que les rires des enfants résonnaient en retentissant sur toute la réverbération de la mer. et je pensais à toi, je te voyais danser, sauvage toi aussi,

sur ce rythme vital de lumières et de sons, toi, qui sais ressentir la musique, toi qui mets un cœur là où tout le monde met un sourire. j'arrive à sentir la profondeur de ta peau, collée à la mienne. elles transpirent et se collent et lorsque l'eau et l'air du soir les rafraîchissent, elles restent ainsi, proches. tu es la lumière la plus vraie, la plus pure, celle qui m'a illuminée et jamais quittée. et je sais que j'en prendrai soin. j'en étudie chaque moindre centimètre et je veux en connaître chaque nuance. je la berce avant de dormir, avec des doigts qui se font experts d'une nouvelle vie, que je découvre avec toi. je la revois le matin, la mets dans la poche de mon cœur et la garde toujours sur moi ".

20. UN CAFÉ À LA FAC...

Jeudi. Aujourd'hui, je n'arrive pas à me poser un instant. Après la psy et la rencontre surréelle avec Justine, je décide d'aller travailler à la fac ; Ale a recommencé à disparaître... et m'a posé un lapin pour le fameux déjeuner pour lequel nous avions rendez-vous aujourd'hui.

Whatsapp entre Sofy et moi :

S : Tu es allée te renseigner pour devenir vétérinaire ?
Moi : Non, question repoussée, je suis allée chez Justine.
S : La gentille dame de l'hôpital ?
Moi : Exact. Il faut que je te raconte ; Ale m'a posé un lapin et je suis libre pour le déjeuner. On peut manger ensemble...
S : Je ne demandais pas mieux...
Moi : Ce que tu peux être bête :-) À 13 heures au bar ?
S : Je t'amène dans un restaurant plus tranquille, on se retrouve à Cadorna.
(pause)
OK ?
Moi : Oui, d'accord, à tout à l'heure.

S : Je t'embrasse
Moi : (je ne réponds pas)

Pourquoi tranquille ? Pourquoi elle m'embrasse ? Où est l'eau dont parlait la psychologue ? Pourquoi elle ne viendrait pas m'inonder un peu et m'emmener ailleurs, sur une plage, où je-serais-seule ? Je veux aller à la piscine et y rester jusqu'à la fermeture. Moi aussi, je veux de l'eau.

OK, du calme. J'ai une petite heure devant moi, je vais à la bibliothèque pour essayer de m'éclaircir les idées au moins pour l'université et voir si j'arrive à terminer l'année et à me diplômer dans un délai acceptable... je regarde mon agenda, pour contrôler les dates auxquelles il faut déposer le sujet du mémoire, dont je n'ai bien sûr pas la moindre idée, et je vois que d'ici deux semaines, il y a la première réunion où il faut déjà déposer le sujet.... génial... les animaux, je me suis trompée, j'aurais dû faire Vétérinaire... c'est reparti pour la paranoïa, cette fois-ci c'est du sérieux. Justement, je vois Claudia assise sur les murets de la cour avec un café. Je prends mon café aussi et je m'assois à côté d'elle, cette fille a vraiment l'air d'éclairer les autres.

« Hé, salut, tu es allée te renseigner pour la fac, finalement ? »

« Non, écoute, j'ai bien réfléchi, et en fait, je crois que je me suis complètement trompée, parce que je rêvais de travailler avec les animaux... je ne comprends pas comment j'ai pu finir en psychologie. »

« Tu avais dit à tes parents que tu aurais voulu travailler avec les animaux ? »

« Non. »

« Comment ça se fait ? Qu'est-ce qui s'était passé ? »

« À cette époque, je sortais avec quelqu'un à qui j'en avais parlé et qui s'était moqué de moi. »

« Typique ; j'espère que vous n'êtes plus ensemble... »

« Non... », dis-je, en ayant un peu honte pour la première fois, d'être sortie avec Dafne. Elle m'avait vraiment freinée dans tous mes projets. Mais peut-être que je ne l'avais pas vraiment compris avant aujourd'hui.

« La meilleure façon de se débarrasser d'une pensée, c'est d'en parler en rafales. Tu es partante pour un café-rafale ? »

« Oui », je réponds amusée.

« Alors... qui était ce garçon 'sympathique' ? », me demande-t-elle une fois que nous sommes assises sur le muret avec notre café. Dès qu'elle me pose la question, mes mains commencent à trembler... Je n'avais pas réalisé que je devrais parler d'une fille, et non pas d'un garçon. Zut.

« Ce n'était pas un garçon... », dis-je, avec un filet de voix et en baissant tout de suite les yeux, vers le gobelet de café et en observant instinctivement la fumée qui en sort, comme si je voulais prendre la place de cette fumée, qui, silencieuse, s'échappe vers le haut en laissant le gobelet, sans avoir besoin d'écouter la réponse. Je m'attends déjà au pire.

« Oh, ne t'inquiète pas, vraiment. Ça ne me pose aucun problème. Mais un conseil, fais attention à ce groupe de garçons », me dit-elle, en indiquant un groupe de personnes que je vois souvent en cours, mais que je ne connais pas. Je sais qu'ils sont étudiants en psychologie, mais je crois qu'ils n'ont pas saisi le concept du libre arbitre et de la liberté de choix... Je n'irais sans doute pas les voir en cas de problème.

« Ils sont homophobes ? » Homophobes, quel mot bizarre, je crois que c'est la première fois que je l'emploie dans un discours.

« Oui. Malheureusement, j'ai assisté à une scène assez désagréable. L'année dernière, j'étais en cours avec eux... »

« Ah, tu parles du garçon qu'ils ont tabassé à la sortie de l'université ? »

« Oui, tu te souviens ? C'était un copain. Désormais, il est parti à l'étranger. Il finira ses études là-bas, il ne veut plus revenir ici. Ils disaient qu'il était trop efféminé. Pour moi, il était classe, luxueux, chic, merveilleux. C'est un de mes meilleurs amis et il me manque cette année. Quels idiots, ils n'ont pas idée des dégâts qu'ils provoquent. Comme si quelqu'un leur disait ce qu'ils doivent faire et avec qui ils doivent coucher. Ça m'énerve quand j'y pense ! »

« Je suis désolée... »

« Ce n'est pas grave, de toute façon je le rejoins bientôt à Londres. Je vais faire un stage là-bas. Apparemment, tout est différent. »

« Pas très difficile, hein ? »

« Tu as raison. Mais excuse-moi, je me suis écartée du sujet. Parlons de toi. »

« Pas de problèmes, tu l'as fait dans mon intérêt. Il ne manquerait plus que ça. Donc, je parlais de Dafne et de sa façon magique de blesser les autres, en faisant croire à tous qu'ils étaient inférieurs à elle. Elle était terrible. »

« Et c'est elle qui t'a poussée à faire des études de psychologie, alors ? »

« Oui, aussi, mais je ne l'ai jamais avoué auparavant ; selon elle, il y avait peu de facultés qui comptaient et celle de psychologie n'était même pas parmi les meilleures. »

« Qu'est-ce qu'elle t'a empêchée de faire d'autre ? »

« C'était une personne très sensible, je pensais pouvoir tout lui dire, mais au fond, sa sensibilité n'était qu'une façade pour les autres. Elle était cynique et égoïste, elle pensait vraiment avoir toujours raison et surtout, il était impossible de lui faire comprendre que tout le monde pouvait avoir son propre avis... Tu sais quelle sensation elle me donnait ? »

« Dis-moi », m'invite à parler Claudia, sur un ton rassurant.

« C'était comme un dimanche soir dans la Brianza en plein automne, où règnent le silence et la conscience de la fin des distractions du week-end. La musique continue à tourner, mais c'est comme entendre *Jingle Bells* à 22h d'un 25 décembre, pendant que les lumières du sapin clignotent encore. C'était comme le soir après une fête masquée, pour carnaval. Les confettis restent sur nous, ceux qui avait été lancés entre les rires des enfants, qui se reposent maintenant, heureux, rêvant de serpentins, tandis que nous, les « grands », on ne pense qu'aux démangeaisons que nous donnent les confettis sur notre corps, une fois que la fête est finie. On ne peut pas s'amuser à outrance, il faut enlever le masque de carnaval, pour remettre le vrai, celui que l'on porte tous les jours. Mais on était plus vrais avec le masque de Spiderman ou déguisées en princesses aux habits roses. Plus vrais que ces masques hypocrites qui nous vont comme un gant, comme s'ils étaient un fond de teint conçu exprès pour chaque type de peau. C'est justement là que je la situe, au moment exact où elle s'est éloignée ; c'est comme l'écho d'un rire, brisé en deux, par le souvenir de ce que mes mains et mes pensées ont construit dans mon cœur en créant une image d'elle, nue, qui montre son côté obscur et cache son vrai côté, celui avec le masque de *Zorro*. C'était le lundi d'un travail qu'on n'aime pas faire. »

« Mince, ça, c'est exactement ce que veut dire " rafale " ! Tu prends toujours tout au pied de la lettre comme ça ? »

« Non », dis-je en souriant. « Ou peut-être que c'est justement ça le problème... je prends aussi les gens au pied de la lettre, mais les personnes divaguent et rêvent de choses que finalement elles ne veulent pas vivre. »

« C'est vrai. En effet, on ne peut pas dire le contraire... on a tous des histoires comme ça à raconter. »

« Toi aussi ? »

« Oui, moi aussi. Un type avec qui je pensais construire quelque chose, et puis dès que tu te mets à leur parler d'amour, ils s'enfuient comme s'ils ne te connaissaient même pas. Et puis, ils reviennent, ils reviennent presque toujours, mais ce n'est plus pareil. »

L'espace d'un instant, je pense à ce que je ferais si Dafne devait revenir. Un grand nombre de questions remplissent ma tête. Ce ne serait sans doute plus pareil... va savoir !

« Pourquoi ce n'est plus pareil ? Qu'est-ce qui s'est passé ? »

« Il s'est passé que je l'ai aimé à la folie, cet homme. J'avais dix-huit ans, et lui trente-cinq. Je l'ai connu en boîte de nuit ; mes amies voulaient toujours m'y emmener parce qu'il n'y avait que ça qui les intéressait à l'époque. Elles avaient l'impression de devenir libres dès qu'elles y mettaient les pieds. Moi, j'avais l'impression d'entrer en cage, d'insulter les cours de danse que je prenais depuis que j'étais petite. Tous les efforts, toutes les techniques et les aventures finissaient en un son désastreux, où les pas étaient toujours semblables. Aucune place pour s'exprimer et les minutes étaient scandées par l'alcool, plus que par le rythme. Enfin bref, ils y allaient tous et je n'avais pas l'intention de m'isoler, donc, ce soir-là, comme d'autres, j'ai dit oui. Oui à leur liberté ; au fond, c'était beau de voir leurs sourires, leur bonheur, donc, j'ai réussi à m'y adapter facilement. Pendant qu'on dansait toutes collées les unes aux autres, ses yeux sont arrivés. Ses yeux, avant tout le reste de son corps. Je les voyais briller quand il se tournait vers moi, malgré l'obscurité de la boîte. Ses yeux le doublaient toujours ; pendant un moment, je n'aurais su décrire aucune autre partie de son corps. Je ne voyais qu'eux. Il m'a demandé de danser, je n'ai pas pu refuser, malgré ma timidité naturelle. Sous le regard étonné de mes amies, j'ai dansé avec lui pendant des heures, même si on ne s'était pas encore dit un seul mot. Je connaissais juste son prénom, Fabio. C'est la première fois que j'ai embrassé quelqu'un, avant de le connaître. J'ai peut-être embrassé ses yeux avant d'embrasser ses lèvres. »

J'écoute, stupéfaite. Ce que j'aimais par-dessus tout chez Dafne, c'était ses yeux verts. Je ne veux perdre aucun mot de ce récit.

« On est sortis ensemble pendant un certain temps », reprend-elle. « Moi, j'étais vraiment amoureuse, et lui très épris, même si mes dix-huit ans lui faisaient très peur. Pour moi, au contraire, cette différence d'âge n'était pas du tout un problème. J'aimais son âge, ses chemises, son attaché-case, posé sur le sol, à côté de mes chaussures de lycéenne. Ils m'ont tous critiquée, mais quand je me perdais dans ses bras, chaque doute disparaissait. On se voyait en ville ou chez lui. En six mois, on a fréquenté plusieurs endroits, il disait qu'il voulait rester avec moi le plus de temps que possible. Il m'a fait entrer dans sa vie aussi rapidement qu'il m'en a fait ressortir. Un après-midi, après des heures d'amour, il me regarde bizarrement et me dit : « regarde-toi, tu es seulement une petite fille ! Mais qu'est-ce que tu fais ici ? Tu devrais être en train de faire du shopping avec tes copines ! » J'étais comme pétrifiée. Pourquoi mon corps ne lui plaisait-il plus ? Que lui avait-on dit ? Je n'en avais aucune idée ; j'ai parcouru de nouveau dans ma tête les scènes où l'on était parmi les gens, mais rien d'étrange n'était jamais arrivé en ma présence. « Allez, Claudia, rentre chez toi. Crois-moi, c'est mieux comme ça, un jour tu comprendras. Maintenant, tu ne peux pas. » Sans un mot, je me suis rhabillée, sans souffle, j'ai mis mes chaussures et ma veste et sans un regard, j'ai fermé la porte derrière moi, sans même plus pouvoir réfléchir. Je me sentais sale et abusée, j'avais l'impression qu'on m'avait emmenée au sommet de la montagne, pour voir le coucher de soleil le plus beau au monde et qu'on m'avait ensuite abandonnée, ramenée jusqu'à la case départ, qui, malheureusement, n'était plus remplie des rires de mes amies, mais n'était que le chemin de retour vers la maison, sans ses messages, dans lesquels il m'écrivait à quel point j'étais superbe et spéciale à ses yeux. Je ne savais plus qui j'étais, ni quel âge j'avais : c'était un début de tout et une fin de rien. Mes parents n'étaient pas au courant pour lui. Comment éviter la chute d'une larme pendant le dîner ? Qui les aurait essuyées, si par erreur, je n'avais pas réussi à en retenir quelques-unes ? Et où est-ce que j'aurais pu aller l'après-midi, quand je disais que j'irais, comme d'habitude, chez mes amies ? Tous ces mensonges, tous ces non-dits et ces masques portés et ce goût amer avalé, pour ne pas décevoir mes parents et pour être avec lui, tout cela rien que pour entendre me dire que j'étais une petite fille ? Je n'ai plus jamais réussi à le contacter, aucune explication de sa part n'a suivi son coup de tête, il avait changé de numéros. Il ne répondait plus chez lui, ni à l'interphone. Quelque temps plus tard, son meilleur ami a eu la décence (ou il a dû avoir pitié de moi) de m'avouer qu'il avait été muté et avait déménagé dans une ville à l'étranger. Pendant des mois, j'ai cru qu'il avait voulu m'éviter de vivre une relation amoureuse à distance et donc, qu'il s'était comporté comme un dur à cuire. Mais après avoir vécu une dépression qui m'a vue passer de la taille 40 à la 32 en trop peu de temps et de la note 18/20 à 7/20 au lycée, avec un redoublement en 1ère, qui m'a fait me sentir moche, inutile et anorexique, et après m'être blessée exprès aux bras et aux jambes pour ne plus sentir cette souffrance intérieure qui m'oblige à être hospitalisée deux jours tous les deux mois, j'ai compris qu'il ne pouvait s'agir ni d'amour, ni d'affection, ni du fait qu'il voulait me préserver d'une histoire à distance. Il s'agissait seulement, peut-être, d'attirance physique. »

Je regarde la passion avec laquelle elle m'a raconté cette terrible partie de sa vie. Elle a l'air ailleurs lorsqu'elle parle de ça, comme si elle se souvenait parfaitement du moment où elle a vécu cette situation. Comme si elle était morte et qu'elle était en train de me parler de quand elle était vivante. Une résignation stoïque qui semble toutefois cacher une certaine sérénité et envie de vivre.

« Les gens restent tant qu'ils le veulent, mais quand le jeu devient sérieux, souvent ils s'en vont, sans trop d'explications ; pour recommencer un jeu plus simple. La plupart des gens font comme ça, ils ont peur au meilleur moment et s'en vont. C'est peut-être mieux comme ça, par rapport à ceux qui ne prennent même pas la peine de prendre peur et restent avec quelqu'un en l'aimant par habitude. Dans les deux cas, ils mettent une carapace. Et personne n'a le courage d'avouer qu'il veut une histoire légère, on te laisse le temps de tomber amoureux. »

« Tu n'as jamais essayé de t'expliquer avec lui, après avoir connu sa nouvelle adresse ? », je lui coupe la parole, en sentant le besoin absolu de dire quelque chose, pour la ramener sur terre.

« S'expliquer avec des fugitifs ? Non, merci. »

Je me tais, elle a raison.

« Si, j'ai quand même essayé. On a même pris un café ensemble une fois, un jour où il était rentré en Italie.

Il m'a balancé mille excuses et à la fin, il m'a dit que je ne savais pas aimer, que j'étais trop jeune pour ça. »

« Je connais des enfants qui savent très bien ce que c'est que l'amour. »

« Exactement. À mon grand étonnement, alors qu'il n'avait même pas fini de prononcer ces mots, je l'ai vu pour la première fois pour ce qu'il était. Je me suis soudain sentie soulagée, comme si j'avais devant moi une autre personne, celle qui n'était plus regardée par mes yeux, qui l'élevaient aux sommets de la perfection. Soudain soulagée, j'ai réussi à lui dire adieu au fond de moi. J'ai encore quelques examens à l'hôpital, mais je sais à présent qu'il ne dépend que de moi de m'en sortir - OK, ça a toujours été le cas. »

Tout à coup, j'ai des frissons à l'idée de revoir Dafne un jour, pour entendre ces trois mots qui me la feront oublier pour toujours. Qui sait où elle se trouve maintenant…

« Et donc, pour en revenir à la fac, que penses-tu faire ? Tu poursuis ? » continue Claudia, en interrompant brusquement mes pensées absurdes.

« Oui, désormais, je suis presque à la fin des trois ans. Je continue et à la limite, peut-être que je ferai autre chose après la licence » je réponds, bien décidée à ne plus jamais changer d'avis.

« Bonne idée ! »

« Je dois y aller, maintenant... Merci pour tout et... je suis contente que tu ailles bien à présent. »

« Merci. Tu vois, Dafne a sans doute quelque chose qui fait que tu la vois pour ce qu'elle est vraiment, avec tous ses défauts. Tu l'avais « démasquée » et elle a eu peur... »

« Et si ce n'était pas le cas ? »

« Appelle-moi et on en discutera ensemble... »

« Merci, Claudia, j'espère te revoir bientôt. »

« Je suis souvent là, c'est un de mes endroits préférés, avec ces murs rassurants, ce jardin... Salut, Agathe ! »

Je pars, avec la sensation de ne pas avoir parlé à quelqu'un que je vais forcément revoir, mais à un ange sur terre, ces gens qui arrivent vous transmettent un message et s'en vont aussitôt. Je me retourne et Claudia a disparu. Peut-être est-elle déjà rentrée en salle. Je me dirige vers mon rendez-vous avec Sofia, rempli de points d'interrogation.

21. ... ET UN RESTAURANT ROMANTIQUE

Parfois, l'embarras est ce qu'il y a de plus vrai à observer. Il y en a un de négatif et un de positif. Le premier s'appelle aussi 'gêne' et le deuxième s'appelle aussi 'peur' que cette magnifique sensation disparaisse trop vite. On sait toujours lequel des deux on est en train d'éprouver ; mais pas aujourd'hui. Pas en ce moment, où je vois Sofia et je suis contente de la voir et gênée en même temps et cette fois-ci, je ne sais pas comment appeler cet embarras.

« Salut, Agathe », me dit-elle en s'approchant de moi, avant d'entourer mes épaules de son bras, d'un geste sûr, et de m'embrasser sur la joue. Bon, d'accord, sur le coin de la bouche. On dirait qu'elle sait toujours ce qu'il faut faire...

Je réponds par un sourire, pendant que nous entrons et prenons place dans ce petit restaurant tranquille et très romantique. Vieux rose et bois, fleurs blanches, de tout type, dans des vases couleur beige, posés sur de petites tables recouvertes de tissus de très bonne qualité. Des reflets gris-pluie entrent dans le restaurant. Des bougies à midi éclairent nos deux visages, l'un très sûr de lui, l'autre complètement perdu, avec la tête qui tourne et la peur toujours plus forte de s'évanouir. Je jette un coup d'œil rapide autour de moi et je ne vois que des couples, hétéros, en cet étrange midi milanais. Mais pourquoi ne puis-je simplement pas me contenter de cette nouvelle situation et essayer de la vivre ? Soudain, je me souviens du moment où la psy m'a expliqué que la peur est un sujet qui s'éloigne beaucoup de l'amour...

Après les conversations habituelles et classiques de couple sur ce que nous allons commander, je ne sais vraiment pas quoi dire.

« Alors, tu enlèves ton plâtre quand ? », tente de briser la glace Sofia, en tâtant manifestement cette ambiance glacée que mon corps émane. Je voudrais être sur une île inhabitée, celle dont je rêve souvent dans ces cas-là, si possible avec mon futur petit chien.

« Aujourd'hui, c'est le grand jour. Cet après-midi, j'y vais et si tout va bien, on me l'enlèvera. Enfin. »

« En tout cas, tu as très bien géré cette situation. »

Pourquoi Sofia doit-elle tout le temps trouver le bon côté des choses ? Je n'ai même pas le temps de commencer à raconter, qu'elle a tout de suite besoin de souligner le côté positif de ce que je dis, quoi que ce soit. C'est tout à son honneur, mais parfois, j'ai juste envie de me plaindre. Je n'ai pas toujours envie d'être spéciale, ou particulière, ou douée. Je veux juste avoir mal au bras.

« Merci », je lui réponds avec ma politesse habituelle, parfois jouée. Bon, j'y ajoute un sourire, on ne peut pas nier que ce soit gentil.

« Et toi, tu vas bien ? », j'ajoute.

« Très bien, je dirais », et elle me fait son sourire renversant, avec ses dents parfaitement alignées et blanches, qu'il est difficile de ne pas remarquer. Peut-être que je devrais juste regarder son sourire et laisser tomber toutes ces pensées négatives que j'ai sur moi, sur elle, sur Dafne. Dafne... ses dents... ce sourire de cette fois-là, quand nous étions à sa fac, tous ensemble, et moi, qui allais partir quelques instants plus tard, parce que j'avais quelque chose à faire. Elle regarde tout le monde, elle me regarde, me sourit et puis me dit : « bon, les amis, laissez-moi quelques minutes avec elle » et elle m'a amenée à l'écart, juste pour discuter un peu avec moi, qui étais allée lui faire un coucou. Je captais manifestement quelque chose en elle qu'elle ne faisait pas vraiment sortir ou qu'elle ne voulait pas montrer, mais je la voyais si grande, belle, spéciale, réservée. Qui sait où elle est maintenant...

« Agathe, tu as compris ce que je t'ai dit ? »

« Non, désolée, je regardais la décoration du resto, c'est très joli. »

« On aurait dit que tu regardais dans le vide. Tu es sûre que tout va bien ? »

« Oui, oui. Tu disais ? »

« Je disais qu'on doit fêter ton bras, quand tu auras enlevé ce plâtre et que, si ça te dit, je t'invite officiellement à dîner, samedi soir. »

Et c'est à ce moment-là que je comprends que je ne veux pas être invitée par quelqu'un, mais que je veux inviter quelqu'un... Je sais, la question des rôles n'a pas vraiment de sens, mais je dois oser... et moi, j'ose accepter le fait que je n'aime pas être invitée et que je veux être celle qui invite. Je ne veux pas que cette conversation ait vraiment lieu. Je ne veux pas que Sofia m'invite. Je ne suis pas prête et elle, elle est trop précise et carrée, je n'arrive pas à me laisser aller. J'ai même l'impression d'être méchante en disant ça, parce que c'était une amie spéciale et que j'ai peur de la perdre. Ça veut dire quoi « Je t'invite officiellement » ?

« Ce serait... comme un rendez-vous ? », je demande en rougissant. Je n'ai pas le choix, je dois clarifier la situation.

« Mesdemoiselles, vous avez fait votre choix ? », nous interrompt la serveuse, que nous n'avons pas vue arriver.

« Vous pouvez nous laisser encore quelques minutes, s'il vous plaît ? » lui demande Sofia, avec sa diction parfaite, qui m'agace un peu en ce moment.

« Bien sûr, je repasse après », répond la serveuse en souriant. C'est la foire aux sourires, aujourd'hui, et le concours pour savoir lequel est le plus faux.

Une fois la serveuse partie, Sofia me lance, avec un clin d'œil : « allez, on va choisir nos plats, comme ça après, je pourrai te répondre », et elle ajoute un autre sourire.

Après avoir choisi et commandé ce qu'elle a pris, non pas pour confirmer le cliché de prendre ce que l'autre prend, mais parce que je n'ai pas la tête à lire la carte ou à contrarier les habitudes alimentaires de Sofia, j'attends sa réponse avec anxiété, qui arrive comme une bombe sur la table.

« Oui. »

« OK... alors, il vaut mieux qu'on parle un peu. » Les mots sortent tout seul de ma bouche.

Son sourire disparaît comme par magie.

« Tu ne veux même pas essayer de sortir avec moi ? Ça fait deux ans que j'y pense, que je t'observe et que je pensais avoir vu juste à ton sujet. Même si j'avais peur de ta peur de ne pas t'accepter... Je sais que c'est la première fois pour toi, mais... », commence Sofia, en enchaînant les mots à toute vitesse.

« Attends, tu m'as observée, mais tu ne peux pas savoir ce que j'ai vécu... ce n'est pas la première fois. Ce serait la première fois si tu étais un garçon. »

Elle reste bouche bée. C'est ça, l'effet que je fais souvent. Je ne dis rien de moi, je vis assez normalement, je suis assez discrète, et donc, personne n'imagine que je puisse avoir quelque chose que je n'ai pas raconté. Quelque chose de surprenant, même dans ma vie « banale » de Milanaise. Quand est-ce que je rencontrerai quelqu'un qui me demandera qui je suis, au lieu de le décider pour moi ?

« OK, on recommence. C'est moi qui dois faire un pas en arrière, maintenant », déclare Sofia solennellement.

« Je crois que oui... »

« Agathe, veux-tu sortir avec moi ? »

« Sofia... ce baiser était magique, je l'avoue. Tu es mignonne, attentionnée et tu serais sans doute la copine idéale, mais... j'ai encore mon ex dans la tête. »

Hiver... C'est soudain l'hiver...

« Tu n'es même pas une bonne amie, Agathe ! Pourquoi tu ne m'as jamais rien raconté de toi ? Toi, tu es même au courant pour mon frère, tu as dit que tu m'aiderais à me réconcilier avec lui. Il était là, il y a quelques jours, mais tu es toujours si concentrée sur ta vie, toujours avec la tête si pleine de pensées, que je n'ai même pas osé te déranger ! Je croyais que tu pensais à moi ! »

« Sofia, calme-toi. C'est vrai que ce n'est pas un moment facile, mais pourquoi tu ne m'as pas prévenue ? Il était là ? Vous avez fait la paix ? »

« Je n'ai pas envie d'en parler maintenant. »

« Sofia, écoute, je ne parle jamais de Dafne, car ça me fait encore mal. Je n'ai pas envie, c'est quelque chose de difficile pour moi, parce qu'elle m'a rendu la vie très difficile, d'un point de vue psychologique. »

« OK, OK, tu as raison. Tu as le droit de ne dire que ce que tu veux. C'est juste que je l'ai imaginé mille fois, ce moment, et c'est si décevant de voir que tu ne ressens pas la même chose que moi. Et ce baiser... je croyais que ça prouvait le contraire. »

« Je suis désolée, Sofia, je ne me sens vraiment pas capable de sortir avec qui que ce soit et je sais que je devrai m'améliorer aussi en tant qu'amie. Je sais que j'ai fait des erreurs et je suis disposée à faire des efforts pour faire progresser notre rapport », je cherche à me justifier en me rattrapant comme je le peux.

J'aurais pu lui dire que j'y penserais, à sa proposition, mais pour une fois j'anticipe, avant que ça ne devienne trop lourd à gérer. Je veux aller en France, ne serait-ce que pour trois jours ; désormais, je ne rêve que de ça, en plus d'enlever ce plâtre. Et emmener dans ma valise la pensée de Sofia, qui attend une réponse que je connais déjà, ça risquait de devenir trop lourd. Pour nous deux.

« Au moins, pour une fois, tu as été très sincère. Et puis, ne fais pas d'efforts avec les gens. On ne fait pas d'efforts dans les relations, qu'elles soient amoureuses ou amicales. Soit le courant passe, soit il ne passe pas. Ce n'est pas la fin du monde. Surtout toi... Toi, laisse-moi te le dire, tu es une bombe à amour, c'est la chose la plus belle en toi. Avec les gens, avec les choses, avec les maisons, avec la fac, avec le temps libre. Si quelque chose ne te convient pas, il n'y a personne qui puisse te faire changer d'avis. Et si par contre ça te convient, le monde pourrait bien s'écrouler, que ce serait pareil. Apparemment, je ne suis pas la mèche de cette bombe. Tu es une de ces personnes qui se sentent bien dans un endroit, seulement si elles arrivent à enlever leurs chaussures et à marcher pieds nus, même si on ne vient pas de faire le ménage. Si par contre, ça sent l'eau de javel, mais que ça ne te convient pas, que tu n'es pas amoureuse, tu n'y marcheras jamais pieds nus, mais avec tes chaussures et sur la pointe des pieds. Peut-être que j'avais juste besoin que tu me le dises avec tes yeux, plutôt qu'avec tes mots. Merci de l'avoir fait... »

Elle me remercie, alors que je viens de lui dire non ? C'est quelqu'un de spécial, dommage que je ne sois pas tombée amoureuse d'elle. Je l'aime bien et je veux le lui prouver. Je suis gênée et nous n'avons pas encore commencé le repas.

« Je t'aime bien, en tout cas. Sache-le ! »

« Je le sais, merci de me l'avoir dit, c'est la première fois que tu le fais. Si tu veux, on se voit quand même samedi soir ? », me dit-elle en retrouvant le sourire.

« Ça aurait été avec plaisir mais je pars pour la France... avec Justine, pour le weekend. »

Et c'est ainsi que... même si ses yeux disaient tout autre chose, étaient remplis de déception et d'amour, malgré ce que je lui avais dit, lors d'un déjeuner qui s'annonçait dramatique, j'ai commencé à lui raconter un peu ma vie, et elle, à être heureuse de cela. Elle m'a raconté de son frère, du fait qu'ils ont recommencé à se parler et je lui promets que la prochaine fois, je serai à ses côtés. La déception est grande pour elle, mais je crois que nous sommes finalement devenues des amies, des vraies !

22. J'AI OSÉ REGARDER UNE PERSONNE POUR CE QU'ELLE EST

Dernière radio ! Je suis joyeuse, pleine de vie et cela n'arrive pas si souvent que ça. Je suis plus sereine par rapport à mon passé, mais cette joie, je ne la connais pas tous les jours. J'ai voulu venir toute seule à l'hôpital, je ne voulais personne à mes côtés, c'était un moment pour moi. C'est ma journée et je crois qu'en sortant d'ici, je vais faire quelque chose de nouveau pour marquer la date ! Bon, je me calme, j'attends quand même la radio avant de m'emballer. Grande leçon de mon père. À propos, mes parents ne savent même pas que je me trouve ici, ce sera une bonne surprise. En attendant mon tour, je feuillette quelques revues dans la salle d'attente et je comprends tout de suite comment je vais fêter ça. Les bonnes pensées me viennent instantanément. Une photo d'un mannequin de face, de profil et de dos pour la pub d'un sac... elle a une coupe de cheveux magnifique... courte ! Il me faudrait couper mes cheveux d'au moins vingt centimètres, ce sera un choc ! Mais qu'est-ce que c'est beau ! Sofia a dit que je devrais le faire. Elle l'a dit tout à l'heure, au restaurant. Pour mon âme de *tomboy*. Elle l'avait déjà dit en regardant les photos chez moi, elle croit que mon problème, ce sont les cheveux. Sur le coup j'ai pensé qu'elle était un peu folle, mais maintenant que j'y pense... un miroir, je veux un miroir ! Je vais aux toilettes, même si je ne suis pas sûre d'avoir le temps, mais ce n'est pas grave. Je suis la vague d'enthousiasme que je sens en moi, je veux faire quelque chose pour mon corps, pour une fois, je veux me regarder dans un miroir.

Je suis aux toilettes. Normalement, je fuis les miroirs, je panique et je m'évanouis, mais par contre là, je veux regarder mon visage. Je crois que j'ai maigri, je me regarde mais je n'arrive pas à me reconnaître. Je suis attachée à ces cheveux, j'ai mis si longtemps à les faire pousser. Ils sont si... féminins ! OK, Sofia a raison ; je sais que ce ne sont pas les cheveux qui changent une personne, mais ils peuvent souligner un trait de sa personnalité. Et puis c'est bon, je sors d'ici et je vais me faire couper les cheveux, c'est décidé. Coup de tête, dans le vrai sens du terme !

J'envoie un texto à Ale pour lui demander l'adresse d'un bon coiffeur. Ça fait un moment que je n'ai plus de ses nouvelles, mais on ne se perd jamais de vue finalement. Et pour les conseils en matière de mode, qui pourrait-il y avoir de mieux qu'elle ? En moins de 10 secondes, je reçois sa réponse, où elle m'indique l'adresse du meilleur coiffeur de Milan et le fait qu'elle ait quelque chose d'important à me raconter, comme d'habitude. Et une invitation pour que l'on se voie un de ces soirs car elle doit absolument me parler.

« Agathe De Andrea », retentit une voix dans le couloir du service d'orthopédie.

Je lève la tête de mon portable pour répondre et je vois qu'une infirmière s'est arrêtée net au milieu de la salle, derrière celle qui vient de m'appeler.

J'approche, elle se retourne... Dafne. Dafne n'était pas infirmière, et pourtant la voilà, dans sa blouse blanche et ses sabots troués, qui m'attend, pour m'accompagner passer la radio.

« Dafne, occupe-toi de cette jeune fille pour la rad... »

…

« Comment tu te sens ? »

« Où suis-je ? »

« Dans le service d'orthopédie, tu t'es évanouie, mais tu t'es reprise tout de suite. On t'a fait dormir, tu étais bouleversée, très bouleversée. »

« Le plâtre ? »

« On en a profité pour te faire passer la radio et te l'enlever, regarde ! »

Je regarde et je vois un bras encore plus blanc que mon visage, quand il devient pâle, avant de m'évanouir.

« Il arrivera à bronzer de nouveau ? »

« Décidément, tu n'as pas changé... »

« Qu'est-ce que tu fais ici ? »

« J'y travaille. Un deuxième travail, en réalité. »

« Tu aimes ce travail ? »

« Oui. »

« Et moi qui croyais que tu étais partie à l'étranger... »

« J'étais en Angleterre, pendant quelques mois. J'avais besoin de me détacher un peu de... tout. »

« De moi. »

« Aussi. »

« Pourquoi ? »

« Parce que tu étais jeune, Agathe. »

« Les plus jeunes nous apprennent à aimer. »

« Les plus jeunes, dans notre société, ne peuvent pas être sûrs et certains de leur sexualité. Et à mon avis, tu aurais dû avoir plusieurs expériences, sortir avec un garçon, essayer au moins. »

« Tu n'as jamais pensé que je n'avais aucune envie de le faire ? Que ce n'était pas quelque chose que je voulais faire ? »

« Mais tu ne sauras jamais si tu n'aimes pas ça, il faut que tu essaies. »

« Alors, tu es en train de dire que tous les hétéros, avant de 'décider' avec qui ils veulent être, devraient essayer de sortir avec une personne du même sexe qu'eux ? »

« Oui, je le pense, en effet. »

« On ne dirait pas que cette conversation vient de toi. Je ne me souviens pas de ça venant de toi. Tu croyais en la liberté des décisions. Tu ne peux pas croire que tout le monde veuille coucher avec tout le monde, juste parce qu'une loi dit que l'homosexualité est un fait empirique. »

« Tu es encore plus ringarde maintenant. Mais comment tu parles ??! »

Silence ; soudain, je repense à toutes nos incompréhensions. Je suis en train de tenir un discours sur la liberté d'action et de sexualité à quelqu'un qui prétend avoir l'esprit ouvert, alors qu'elle croit refaire le monde avec ses règles. Tout me revient à l'esprit et si j'arrive à ne pas m'évanouir maintenant, parmi les souvenirs, cette rencontre que j'ai tant attendue et crainte et cette odeur de linge trop propre, je crois que plus jamais je ne m'évanouirai. Je la regarde, qu'est-ce qu'elle est belle. Mais chaque fois, je ne suis pas d'accord avec ce qu'elle dit.

« Je crois avoir l'esprit ouvert et si je ne couche pas avec un homme, c'est juste parce que je ne suis pas attirée par les hommes. Je ne m'intéresse pas à eux, et je ne crois pas trop à l'excuse 'je te quitte, parce que tu dois avoir d'autres expériences'. Je crois que ça ne signifie que c'est toi qui devais les avoir, ces expériences, comme vivre à l'étranger, etc. » dis-je avec un courage qui la laisse bouche bée.

« Bizarre, pendant un instant, je voulais te demander de sortir avec moi, ce soir, d'essayer de repartir à zéro, si tu n'es pas avec quelqu'un, évidemment. »

« Je suis célibataire, mais j'ai quelque chose à faire, une fois sortie d'ici. »

Non mais je suis bête ! Ça fait des années que j'attends ce moment et là, je le refuse, pour aller me couper les cheveux ?! Mais qu'est-ce qui me prend ?

« Et plus tard, dans la soirée ? », je propose un instant après.

« D'accord. Je préviens le médecin que tu es réveillée, comme ça après tu pourras y aller. Ton numéro est toujours le même ? »

J'acquiesce.

« OK, je t'appelle tout à l'heure et on se voit ce soir. Salut bébé-ringard. Ne tombe pas dans les

232

pommes ! » Et elle ressort, avec ce sourire que je n'ai jamais oublié.

« Pourquoi vous vous êtes évanouie ? »
Ah non, pas lui, pas le médecin de la première fois. Celui qui m'a infligé les séances chez la psy. Je lui dis quoi, maintenant?
« J'étais un peu émue par le fait d'enlever le plâtre et je l'appréhendais un peu. »
J'aurais pu trouver mieux, quand même...
« Bon, vos examens sont toujours aussi parfaits. Vous y allez, aux séances chez la psy ? »
« Laissez tomber. Je sais que vous les aviez décidées avec ma mère, ces séances, mais elle ne sait pas que je sais. Mais en tout cas oui, j'y vais aux séances, rassurez-vous. »
« Bien, alors il faudra continuer, parce que, apparemment, il n'est pas encore fini votre parcours psychologique », dit-il, imperturbable.
Quel soutien !
Je ne réponds pas.
On me laisse partir après m'avoir donné trente-six conseils sur mon bras et sur ma vie. En sortant, je repense à Claudia, son image d'ange me revient en tête et ses discours sur les ex aussi : « à mon grand étonnement, alors qu'il n'avait même pas fini de prononcer ces mots, je l'ai vu pour la première fois pour ce qu'il était. Je me suis soudain sentie soulagée, comme si j'avais devant moi une autre personne, celle qui n'était plus regardée par mes yeux, qui l'élevaient aux sommets de la perfection. » Je suis curieuse de savoir ce que je vais ressentir ce soir.

Pour l'instant, je sens l'air frais et sens à nouveau mon bras. Je suis dans le bus pour aller chez le coiffeur, je prends le cahier de la psy et, au lieu d'écrire ce que je ferais si j'étais un garçon, je commence à écrire des pages et des pages, sans plus pouvoir m'arrêter. Je parle de moi...

1) J'ai osé regarder une personne pour ce qu'elle est.

À chaque centimètre de bras que je sens de nouveau libre, je sens mon souffle revenir. J'ai traversé un moment de crise, plein d'événements. Je repense aux efforts de ce mois-ci, mais aussi à ce que j'ai fait, malgré le plâtre. La crise. La crise pour moi, c'est comme un passe-thé. On ne boit pas ce qui reste dedans, mais juste le liquide qui descend dans la tasse, qui dégoutte des petites feuilles retenues et que l'eau a traversées. La crise, c'est le moment où l'eau descend. Quand on est submergés et qu'on croit se noyer. Quand l'eau se détache de nous, déchire, tire de nous tout ce qu'on doit laisser, car si on le garde en nous, on n'arrive plus à avancer. La crise, c'est la purification et dans le passe-thé, il ne reste jamais quelque chose qu'on doit garder en nous. Quand l'eau arrête de nous transpercer, la crise est finie et nous sommes de nouveau prêts à être bus par la vie et nous, nous buvons la vie et nous recommençons plus légers, car nous avons laissé partir ce qui était de trop, mais aussi plus forts, car nous avons résisté...

Je touche ma nuque, dans un frisson de vent. Celui du soir, de cette journée finie. Sans plâtre, sans mes cheveux qui me touchent le dos. Avec une nouvelle façon de penser à Dafne. Je lui envoie un texto. Elle répond, elle arrive, en l'espace d'une demi-heure, passée à me promener dans des ruelles que j'aime tant. Nous mangeons ensemble. Elle me demande pardon, pour tout. Elle a fait son beau parcours et maintenant, elle est en train de me dire toutes ces choses que je voulais entendre. Il y a quelque temps. Elle est prête à me démontrer tout ce que je voulais pour nous. Je la crois. Elle est sincère. Et je ne pense même pas une seule seconde recommencer à sortir avec elle.

Quand elle me déclare son amour, je lui réponds ainsi : « merci pour tout ce que nous avons été. Il était beau de rêver de rester avec toi pour toujours. Mais ce soir, j'ai compris qu'on va en rester là pour ma part, que le *toujours,* je vais le créer avec quelqu'un d'autre. »

2) J'ai répondu à Dafne comme je n'ai jamais osé avant

3) En une journée, je me suis enlevé un poids – le plâtre – et un vide – Dafne

Je me sens vidée et pleine, pleine et vidée...

23. DE LA CHENILLE AU PAPILLON

Vendredi. Nous sommes arrivées à quatre heures, mais sans le soleil tant attendu par Justine. Au contraire, avec beaucoup de pluie. J'ai vu la déception suspendue dans ses yeux. Cependant, cela n'a duré que quelques secondes, jusqu'à ce que nous ayons rejoint la plage. Elle s'est arrêtée, a souri : « tu sais pourquoi j'aime tant le soleil, ici ? »

« Parce que l'éternité, c'est la mer allée avec le soleil. » Je cite Rimbaud, en souriant à mon tour.

« Aussi... » me répond-elle, « mais c'est surtout parce que quand je l'ai rencontrée pour la première fois, le soleil était là. Et c'était comme si je l'avais vu pour la première fois. C'était un après-midi, au printemps, j'étais à la plage avec des amis. Quand elle est passée à côté de nous - elle se promenait avec sa mère – le soleil a transpercé son visage et puis ses cheveux, son corps tout entier et sa personne tout entière m'ont transpercée à leur tour. J'étais incapable de définir la sensation de plénitude qu'elle m'a donnée, qui est arrivée au fond de moi. C'était comme si elle avait été le soleil pour moi. Je n'arrivais plus à détourner mes yeux d'elle, mes pieds ont commencé à marcher tout seuls vers elle, non contrôlés par mon esprit, j'étais comme une marionnette, et les rayons du soleil les fils d'or qui me guidaient. Moi, la timide du groupe, celle qui parle peu et écoute beaucoup. Moi, je suis allée lui parler, de rien, de tout, gênée, je ne savais pas quoi lui dire. Je voulais juste qu'elle s'arrête, je voulais me promener avec elle. Rien d'autre. Même en silence. »

« Et tu as réussi à l'arrêter ? », je demande, en comprenant un peu mieux la situation et, en effet, pas très étonnée par ce que je suis en train d'entendre. Heureuse aussi, de ces nouvelles confessions de la part de Justine.

« Elle me regardait de façon étrange, comme si elle n'avait pas compris pourquoi je marchais à ses côtés, mais après, elle s'est arrêtée et nous avons commencé à parler de la mer et du soleil. Elle aimait le soleil, mais la pluie aussi, quand, insolente et incessante, elle plonge dans la mer, en créant cette vapeur qui fait taire un peu tout, qui nous fait nous sentir en contact avec la nature, qui fait coller le sable aux pieds, qui donne envie de courir, dans le cadeau de ces orages d'été », continue-t-elle son récit, en se souvenant de chaque détail.

« Petite, je préférais la pluie au soleil, elle me faisait penser que tout était mouvement, qu'il y avait quelque chose au-delà de ma vie, de ces arbres que je connaissais désormais par cœur. De ces feuilles, ces feuilles qui cachaient chacune un secret en elle. Elles ne vivaient pas longtemps, mais elles voyaient tout ce qui les entourait. La pluie les mouillait, les imprégnait de sa sagesse. Tout ce qu'elle avait appris pendant sa chute des nuages, elle le leur transmettait. Et moi, je les regardais, et c'était comme si tout prenait vie. Puis, un jour, j'ai commencé à vouloir le soleil, je le désirais dès mon réveil, je voulais vivre dans un lieu rempli de soleil, mais je ne sais pas pourquoi », je raconte à mon tour à cette dame, perdue dans ses pensées, mais attentive à mes mots.

J'ai déjà eu ma mère au téléphone deux fois depuis mon départ : je ne sais pas si elle s'inquiète plus pour moi, pour mon bras ou pour le fait que je reverrais, sans elle ni mon père, l'endroit où ils m'ont accueillie et où aucun d'entre nous n'est jamais revenu depuis.

Justine continue à me parler d'Emma, et en même temps, elle me propose d'aller faire du shopping, elle veut m'acheter des vêtements, pour fêter le début de notre week-end ensemble et notre grand retour ici. J'ai envie de lui parler de moi, de l'amour, de l'amitié, du long parcours que j'ai été amenée à faire, de mes évanouissements ; je crois qu'elle est la personne idéale pour faire le point. Je ne sais pas encore si je trouverai le courage de tout lui avouer, mais je commence à raconter.

« Moi aussi, je pensais aimer une personne. Mais hier, j'ai compris que je ne l'ai peut-être jamais aimée. Je l'aimais bien, et peut-être que c'est encore le cas. Elle s'appelle Dafne. Tu penses qu'il y a plusieurs amours dans une vie ou qu'il n'y en a qu'un seul ? »

« Je pense qu'il y a plusieurs personnes qui nous plaisent, qu'il y en a beaucoup que nous trouvons intéressantes, que nous devons passer à travers différentes histoires, plus ou moins agréables. Mais l'amour, c'est une seule fois. Je me suis résignée à l'absence d'Emma, j'ai épousé un homme, très beau, très bien, parfait, mais ce n'était pas la même chose, ce n'était pas... elle », affirme Justine, avec la voix qui s'affaiblit vers la fin, en soulignant ses émotions, très claires à mes oreilles.

« Mais elle, elle ne t'aimait pas ? », je demande, perplexe.

« Bien sûr que si. L'amour, pour moi, est toujours réciproque. Souviens-toi de ça. N'écoute pas ceux qui te disent le contraire, ceux qui aiment quelqu'un qui ne partage pas leurs sentiments. L'amour n'a pas peur. L'amour est toujours partagé, tout simplement parce que l'amour existe. Je l'aimais, je l'aime et c'est partagé. Nous n'avions pas peur de nous aimer, malgré les apparences. Et l'amour est encore là. On leur a permis de séparer nos corps, mais nos âmes ne se sont jamais quittées. »

« Et tu n'as plus jamais eu de contact avec elle ? »

« Non, jamais. Mais elle se trouve dans un endroit spécial. Mes prunelles. Quoi que je regarde, je vois toujours sa silhouette, dans n'importe quel objet ou paysage ou n'importe quelle personne qui se trouve devant moi. »

J'en ai des frissons. Je crois donc pouvoir affirmer que je n'ai jamais aimé jusqu'à présent. Une larme mouille mes joues. « Allez, on y va », continue Justine, « on va faire du shopping et dimanche, on ira manger dans le restaurant le plus beau de toute la Côte ! » me dit-elle en me lançant son sourire éclatant. Nous nous rendons dans un magasin au style ancien, mais pas vieux : il y a des vêtements pour homme et pour femme. Ma nouvelle amie pense que ma dernière coupe de cheveux va bien avec une veste noire un peu longue. Je ne croyais pas qu'elle s'y connaissait en mode, mais j'aurais dû m'en douter, vu ce qu'elle m'a raconté sur les déguisements auxquels elle jouait avec Emma. Justine m'offre une série de vêtements très beaux et très... masculins, sans être ridicules. Normalement, je fais du shopping toute seule, parce que tout le monde se plaint du fait que je refuse les vêtements féminins. Je suis heureuse de me regarder dans le miroir du magasin, et ça, ça se fête ! Une fois le shopping terminé, nous nous rendons à l'hôtel, et je porte dans ma main le sac rempli d'un style que je n'avais jamais osé essayer sur moi. Voilà quelque chose à écrire dans la liste des choses osées, pour le docteur Martini. Je remercie le destin pour tout ça, pour la confiance que cette femme arrive à me transmettre, pour l'amour, pour moi-même. Tout ce que je n'avais pas avant.

Samedi. Justine est prête pour se promener à pied jusque chez Emma. Je crois qu'elle n'a pas dormi : elle ne sait pas ce qu'elle y trouvera, ni si Emma habite encore là, si cette maison appartient encore à sa famille. Une villa ancienne et majestueuse se dresse devant nos yeux : devant les siens, avec cette silhouette qui brille plus que jamais dans ses prunelles et devant les miens, qui n'en reviennent pas de voir le lieu qui m'a vu naître. La villa a quelque chose de familier. Mais je suis sans doute prise par tous ces discours d'un passé que mes yeux ont vu, mais que mon esprit n'a probablement pas pu enregistrer, ou dont il ne veut pas se souvenir.

Justine ne bouge pas. Elle ne sait pas quoi faire. Nous parlons un peu de courage, ou mieux, je cherche à lui rendre celui qu'elle est en train de me donner. « Justine, essaie. Tu n'as rien à perdre, c'est toi qui l'as dit. Elle est peut-être derrière cette porte, elle attend peut-être ça depuis des années. Tu es arrivée jusqu'ici, ça veut dire que tu peux le faire. » En disant cela, j'espère au fond de moi, rencontrer un jour une personne qui devienne une silhouette dans mes yeux, et j'espère aussi pouvoir la voir dans la réalité, la vivre. Justine sonne. Je crois pouvoir entendre ses battements de cœur qui font écho à l'unisson avec le tintement de la sonnette. Peut-être que ce sont mes battements de cœur que j'entends dans mes oreilles. Nous attendons avec la même anxiété. Je remarque le nom affiché à côté de la sonnette : Durand. Justine m'explique qu'il s'agit du nom d'épouse d'Emma. Au moins, nous savons que la villa appartient encore à la famille d'Emma.

Aucune réponse. Justine tremble. Il se peut que l'amour, ce soit ça : trembler de peur et de joie, d'attente et de crainte de ne pas être à la hauteur, mais être conscient de ne pouvoir être nulle part ailleurs, si ce n'est là, en ce moment. Un majordome en smoking vient à notre rencontre. Il nous explique d'un air formellement gentil que personne n'est là en ce moment. Il ne nous dit rien d'autre et Justine se tait, pour ne pas sembler indiscrète. Mon amie montre sa force que je considère surnaturelle : celle d'attendre encore, après toutes ces années. Je sais qu'elle reviendra à la villa, elle l'a annoncé au majordome qui a répondu « Bien, Madame », avant de rentrer dans la maison.

Nous sommes allées à la mer. Nous avons refait celles qui étaient pour elle ses promenades quotidiennes. Nous avons déjeuné dans un restaurant avec des baies vitrées qui donnaient sur la plage, pour nous mettre à l'abri des premières brises de l'automne. La vue est magnifique, elle fait rêver, sans avoir besoin de parler ; et avec les discours sur l'amour de cette femme spéciale, c'est encore mieux. Le soleil est arrivé, mais Justine était heureuse du simple fait d'avoir revu la maison qu'elle n'a jamais oubliée. On dirait qu'elle est née une deuxième fois. Comme si ces lieux lui avaient rendu, en l'espace d'une seconde, ses idées sur l'amour, qu'elle n'avait jamais oubliées. « Justine, mais pourquoi vous ne vous êtes pas enfuies ? Ensemble, dans un autre endroit, pour faire votre vie ? », je me décide à lui demander, après m'être posé cette question pendant longtemps. « Agathe, son père l'a enfermée ! Nous ne nous sommes embrassées qu'une seule fois de toute notre vie, et quand elle a voulu parler en toute sincérité, elle a été enfermée avec du pain et de l'eau pendant une semaine. Son père ne pardonnait pas. Nous avons même essayé de trouver du travail, n'importe quoi pour partir, mais peut-être que nous n'avons pas été assez fortes. Nous avions pensé épouser nos fiancés respectifs pour ensuite nous échapper. L'amour fait penser à tout. Nous avions vraiment décidé de le faire, mais ensuite, Jeanne, sa fille, est arrivée. Elle est passée avant tout le reste. Moi, j'aimais Emma, je l'aime encore, j'ai accepté ses choix. » Je pense soudain au moment où je devrai annoncer à mes parents que s'ils pensent que je suis renfermée sur moi-même et asociale, ils se trompent ; que j'aime rester seule, mais que j'aime aussi les autres, que j'ai des amies et que... j'aimerais avoir une copine. Que je n'aurai pas de fiancé.

« Qu'y a-t-il, Agathe ? Ton regard s'est tout à coup assombri. »

« J'étais en train de penser que je ne l'ai jamais dit à mes parents, pour moi, pour Dafne. J'appréhende beaucoup ce moment. Vous, vous n'avez pas pu vivre votre histoire, mais nous, on partage encore les mêmes peurs que vous ; peut-être qu'on ne nous enferme plus, mais on ne sait toujours pas ce qu'il y a de mieux à faire. En parler à nos parents, le dire à nos amis, au reste de la famille. Sans vraiment avoir de réponse. Tout ça, c'est juste une tentative stupide de se faire accepter. Une angoisse inutile, qui nous fait avoir peur d'être nous-mêmes. »

« Moi, je n'ai même pas essayé d'en parler une seule fois à mes parents. Au jour d'aujourd'hui, je n'ai pas encore compris si j'ai fait les bons choix, même si mon cœur sait que j'aurais voulu qu'ils le sachent. Oui, j'aurais dû me battre davantage. Parce qu'il s'agit de ça, d'une bataille. Mais d'une bataille pour l'amour. Du plus grand moteur qui soit. Du contresens de tous les temps. De la guerre contre les deux êtres humains qui t'ont élevée, qui t'aiment, que tu aimes, pour l'amour. Pour vivre l'amour. Le théâtre de l'absurde. Je ne l'ai pas fait, parce que j'ai eu peur qu'ils m'enferment, moi aussi. Mais j'aurais dû. Surtout parce que j'avais une personne dans mon cœur. Tu verras, quand tu auras une silhouette dans les yeux, ce sera déjà plus simple et sensé de parler de toi et, si tu en as envie, tu le feras. »

« Mais comment ? Je n'arriverai jamais à trouver le courage ! »

« Attends d'être amoureuse et d'aimer en même temps, avant de dire que tu n'en auras pas le courage. Sans avoir vécu cela, c'est normal que ça te semble impossible. »

« Mais aimer et être amoureux, ce n'est pas la même chose ? »

« Non. Pas pour moi. On peut tomber amoureux plusieurs fois dans sa vie. On trouve que quelqu'un ou quelque chose est pétillant, serein, beau, alléchant, et on en tombe amoureux. J'ai constaté, dans ma vie, que la phase durant laquelle on est amoureux dure peu de temps. Il s'agit de l'introduction à l'amour, de ce sentiment spécial et parfait qui est semblable à la phase initiale d'un papillon. C'est comme la chenille qui attend de se transformer en papillon, d'éclater de vie. Elle donne tout d'elle en peu de temps, au cours duquel il lui semble que tout est possible. »

« Et l'amour, alors ? », je demande, toujours plus intéressée par le discours.

« L'amour, c'est le papillon. L'amour, c'est ce qui continue après les premiers jours, non pas en tant que couple ou histoire, mais en tant que sentiment profond. Si tu es amoureux, tu veux être avec l'autre. Si tu l'aimes, tu veux qu'elle existe. Et si cette personne décide d'exister et de rester aussi auprès de toi, alors, c'est ce que j'appelle la vie. »

« Mais tu avais dit que si ce n'était pas réciproque, ce n'était pas de l'amour. Et maintenant, tu me dis qu'aimer, c'est... »

« C'est toujours réciproque. Même si on n'existe pas toujours l'un auprès de l'autre. La phase durant laquelle on tombe amoureux, au contraire, n'est presque jamais réciproque. »

Mince, elle a raison. Combien de fois je suis tombée amoureuse... Mais je n'ai jamais aimé. Et qui sait combien de fois on est tombé amoureux de moi. Mais on ne m'a jamais aimée. Et si les papillons sont l'amour et sont aussi l'âme, alors suivre l'âme signifie réussir à arriver à l'amour.

24. LIENS DE FAMILLE

Justine est muette, dans le mutisme de ce soleil de quatre heures. Il est arrivé, en amenant avec lui son manteau rose. Et le sourire surpris dans les yeux de Justine, lorsqu'elle a vu que la silhouette est sortie de ses pupilles, pour apparaître face à elle, sur cette plage au sable doux et clair.

Sans dire bonjour, la femme de sa vie lui a fait un immense sourire et lui a demandé, en me montrant du doigt :

« C'est ta petite-fille ? »

« Non », répond Justine, en faisant une longue pause. Une pause interminable. « C'est la tienne. »

25. ARRÊTER DE PERDRE CONNAISSANCE ET PRENDRE CONSCIENCE

Je m'enfuis. Je cours sur la plage. Ma grand-mère ? J'ignore qui est ma mère et je connais ma grand-mère biologique ? Je m'enfuis pour ne pas m'évanouir. J'enlève mon pantalon et je me laisse submerger par l'eau froide de la mer. Le docteur Martini serait contente de voir que j'ai mis en pratique à la lettre ses conseils. Une fois sortie de l'eau, bien gelée, mais avec les idées plus calmes et, je l'espère, sans plus aucune pensée d'évanouissement, j'essaie d'évaluer la situation. Je crois que ma réaction de fuite est due plutôt à la peur de faire souffrir mes parents, qu'à une vraie peur en moi. Au fond, une partie de moi a souhaité, même désiré ardemment, ce moment. Du moins, par curiosité. Les racines me fascinent depuis toujours. Non pas parce que je souhaite éliminer Giacomo et Olga de ma vie. Je n'y pense même pas. J'aimerais juste connaître la vérité, pour pouvoir mieux avancer. Ma grand-mère... a aimé et aime peut-être encore une autre femme...! La tête remplie de toutes ces pensées, le cœur très souriant, je m'assois en appuyant mon dos au tronc d'un palmier. Je ne suis pas prête à retourner sur mes pas, pas avant le coucher de soleil. Je m'allonge, j'observe le ciel et j'essaie de penser le moins possible. J'aimerais que Sofia soit ici. Elle, elle saurait quoi dire : elle trouve toujours les bons mots, pour chaque situation. J'ai perdu la notion du temps, j'ai dû m'endormir. Je vois que le soleil a laissé sa place aux premières étoiles, suspendues sur un fond bleu clair. Il est l'heure d'y retourner, de tout affronter. Avant de me relever, je sens avec stupeur que mon pied gauche est mouillé, je le sens plus froid que l'autre, mais à un endroit, il est bouillant. Je lève la tête, en m'appuyant sur les coudes et je vois une boule marron et blanche blottie à côté de moi. Il n'est pas très grand, on dirait un bébé, un peu effrayé, un peu déjà attaché à mon pied, qu'il a léché. Étant donné que ces derniers jours sont remplis de coïncidences, ce chien doit être celui que j'attendais. C'est un signe du destin. Une grand-mère et un chien le même jour ? Cet endroit fait des miracles ! D'accord, avec tout le courage que j'ai, je prends la situation en main : je sais comment on fait dans ces cas-là. On va chez le vétérinaire, on vérifie que le chien n'appartient à personne, et on croise les doigts pour pouvoir l'embarquer avec soi. J'y vais. Dans la salle d'attente du vétérinaire, je tiens la petite boule de poils dans mes bras. Et je prie pour qu'elle puisse devenir mon chien ... Comme si c'était lui qui m'avait choisie. Comme si, pour une fois, je ne devais pas faire de choix. Peu de temps après, même si cela m'a paru une éternité, une femme sort du cabinet, suivie d'un magnifique chien-loup. Je crois que c'est l'une des plus belles visions de ma vie. La dame est élégante, je m'en aperçois dans les quelques pas qu'elle fait pour rejoindre la sortie du cabinet. Presque de la même taille que moi, cheveux noirs comme du jais et lorsqu'elle se retourne pour me dire au revoir, j'aperçois deux cercles bleus qui lui servent d'yeux. Aucun contour bleu foncé ou bleu clair ou noir autour des pupilles, ils sont entièrement bleus, complètement et entièrement bleus. Je souris mais c'est à mon tour de devenir muette. Le bleu sort de la salle, en laissant derrière lui un parfum de fleur d'oranger. Et dans mes yeux, cette magnifique image. Le vétérinaire me fait entrer. Après quelques minutes d'angoisse, il m'informe qu'il doit passer quelques coups de fil, pour s'assurer que le chien n'appartient à personne. Je suis une boule de nerfs, j'aimerais m'évanouir, comme ça, au moins, je ne ressentirais pas toutes ces émotions. Mais pour la première fois, je me rends compte qu'une vie sans émotions ne me conviendrait pas ; sans émotions, je serais sans doute déjà morte. Alors, j'accepte de ressentir de la colère, de la tristesse, de la joie, de la nervosité, et même l'envie de m'évanouir. Il suffit de s'arrêter un peu avant. Il suffit de comprendre que les émotions valent plus que des réveils à l'hôpital avec des perfusions. Je suis de nouveau dans la salle d'attente quand le vétérinaire me rejoint, le petit chien dans les bras, avec sa sentence : « le chien fait partie d'une portée de chiots de deux chiens de race qui appartiennent à une famille du coin », commence-t-il à me dire, tandis qu'une larme coule sur ma joue et que je pense que la question des signes du destin est stupide, après tout. « Mais », continue le docteur, « le propriétaire m'a dit qu'ils ne peuvent pas tous les garder. Ce chiot s'est échappé, on ne sait pas pourquoi, mais il a déjà deux mois et peut être adopté immédiatement. Tu serais intéressée ? »

Deux heures plus tard, après avoir rencontré les patrons du petit chiot, signé les formulaires, et obtenu plusieurs informations sur la façon de s'occuper des chiots, je sors du cabinet avec mon lui, mon kit de bienvenue pour cette nouvelle adoption, une marée de bonheur et une envie beaucoup plus forte qu'avant d'affronter les « grands-mères. »

Je ne sais pas où aller, mais j'opte pour l'hôtel. Je ne sais vraiment pas ce qui m'attend, mais la petite boule de poils que je serre dans mes bras me donne plus de force que je n'en aurais jamais imaginé. Je m'arrête à quelques mètres de l'entrée de l'hôtel. Et je vois la scène la plus tendre que j'aie jamais vue. Deux femmes, en train de regarder une affiche publicitaire accrochée au mur, s'échangent quelques mots et... se tiennent par la main. Mais il ne s'agit pas de deux jeunes filles, qui le font par amitié ou pour se faire remarquer. Il s'agit de deux dames d'un certain âge qui, de toute évidence, se sont attendues toute une vie. Toutes ces années au cours desquelles elles ont fait autre chose. Des enfants, un travail, elles ont vécu. Elles sont le portrait de l'amour, celui qui va au-delà de tout, celui qui sait déjà d'être, avant même d'exister.

Je me rapproche, elles ne me font plus peur. Elles sont attendrissantes.

« Coucou, Justine... », dis-je, timidement.

« Et lui ? Ou elle ? », me demande-t-elle immédiatement, étonnée.

« Il m'a trouvée sur la plage, m'a choisie. Je suis allée chez un vétérinaire et j'ai pu l'adopter. »

« Mon discours sur l'amour a marché », conclut-elle, en me faisant un clin d'œil et en souriant à Emma. De toute évidence, elles se sont retrouvées.

« Vous venez au restaurant avec nous, toi et...? »

« Arthur. »

« J'aurais dû m'en douter, Agathe adore Rimbaud », continue-t-elle, en s'adressant à Emma. Et de nouveau à moi : « on voudrait te raconter quelque chose. »

« Je suis contente que vous vous soyez retrouvées », j'admets, heureuse de les voir ensemble.

« Agathe, je ne t'ai rien dit avant. Je n'étais pas sûre du lien de parenté, je me suis fiée à mon instinct et à ton regard : dès que je l'ai vu, il m'a rappelé celui d'Emma. Tu es le portrait craché d'elle quand elle était jeune. Et puis, ces feuilles que tu as trouvées, avec les phrases qu'on s'était dites... qu'Emma avait amenées à Paris, sur ce banc qui avait été le nôtre, lors d'un week-end que nous avons passé ensemble à cet endroit, il y a tant d'années et toutes les coïncidences, la France, tout. Je ne trouvais la réponse nulle part, mais tout était comme dans un rêve éveillé. Disons que j'ai essayé... J'ai parlé avec Emma, et c'est vraiment ça. Emma est la mère de ta mère. »

« Ma mère s'appelle Olga et sa mère ne s'appelle pas Emma. »

« Oui, tu as raison. Emma est la mère de celle qui t'a mise au monde », s'excuse Justine.

Je me rends compte d'avoir été un peu sèche, car je vois la souffrance de plusieurs années refaire surface dans les yeux brillants d'Emma. Je suis contente que mes parents ne soient au courant de rien. Mais j'ai juste deux ou trois questions à poser à cette femme, qui me semble être tout autre que méchante...

« Allons au restaurant », dis-je un peu gênée, en serrant Arthur contre ma poitrine. Telle que je suis, pleine de sable, de poils de chien et d'émotions, je suis ce couple, qui ne se quitte plus, en se tenant encore par la main.

Après les politesses habituelles et le choix des plats, un lourd silence s'installe entre nous. Je ne sais vraiment pas quoi dire... non pas que ce soit une nouveauté, mais aujourd'hui, c'est vraiment difficile.

« Je suis désolée », dit Emma, en levant son verre. « Je m'adresse à vous deux... je m'en veux de vous avoir perdues et je me sens honorée et chanceuse ce soir. Et si stupide. C'est comme si, aujourd'hui, vous m'aviez donné chacune une gifle, pour me réveiller de ma torpeur mentale. Merci. Agathe, j'ai beaucoup parlé avec Justine, de toi aussi, mais nous, nous étions adultes et consentantes, alors que toi, tu n'étais qu'une enfant. Je ne m'attends pas de toi que tu comprennes, mais je n'étais pas en bons termes avec ma fille, quand elle t'a... je ne sais pas quel verbe utiliser, excuse-moi. Quand j'ai pris connaissance des faits, ils étaient déjà partis en Amérique et j'ai pensé qu'il valait mieux ne pas m'immiscer dans ta vie. Et puis le temps passe, on perd la force et le courage. Mais je ne veux pas me justifier maintenant. Agathe, ceux qui t'ont mise au monde ne sont plus là. Ils sont décédés tous les deux dans un accident il y a quelques années de cela » me dit-elle sans prendre de pincettes, un éclair de colère et un tonnerre de tristesse dans les yeux.

Je ne cherche pas à en savoir plus. Une partie de mon cœur, celle qui était dans l'ombre d'un passé sombre, se brise. Ça fait un mal incroyable. Ça fait enfin quelque chose.

Après quelques autres explications, que j'écoute attentivement, Justine et Emma me parlent d'elles, de l'époque où elles étaient ensemble, de l'amour et je me sens soudain sereine. Je ne parle pas de ce bonheur qui ne dure que 60 ou 120 secondes, celui qui ressemble aux *Frizzy Pazzy* qu'on a dans la bouche. Non, je suis sereine, au bon endroit avec les bonnes personnes. Il ne manque qu'Olga et Gabriele ce soir, ma mère et mon père. Je le sais désormais plus que jamais, non pas parce que les 'deux autres' sont morts, mais parce que le discours d'Emma a suffi à me confirmer que ce n'est pas de ma faute si on m'a abandonnée et, je comprends aussi, que ce sentiment de vide venait du fait que je pensais que c'était de ma faute. Je ne l'avais pas compris avant et j'avais besoin que quelqu'un me le confirme et, au fond, je suis contente que ce soit elle qui l'ait fait et non pas celle qui m'a abandonnée. Peut-être qu'un jour, je les appellerai même grands-mères.

Nous avons quitté la chambre d'hôtel et pour ce soir, nous dormons chez Emma. Elle est restée seule dans cette grande maison. Son mari est décédé il y a quelques années de ça. Elles m'ont réservé une chambre et je suis maintenant au lit, au milieu d'une multitude de parfums : le sel, le sable, le bois humide des murs du restaurant, le curry de la nourriture et les fleurs sur la table de nuit. Et Arthur, bien entendu. Justine est en train d'observer les étoiles quelque part avec son Emma.

Avant de dormir, je prends mon cahier et j'écris :

1) J'ai osé sourire, en me regardant dans le miroir, en tant que femme.
2) J'ai osé dîner avec ma grand-mère biologique et mon amie Justine, en sortant de ma cachette.
3) J'ai osé adopter un chiot. Ou c'est peut-être lui qui m'a adoptée.

1) :-)
2) :-)
3) :-)

Aujourd'hui j'aime le fait d'être une femme et d'avoir partagé une soirée entre femmes. Il y a une chose que j'ai comprise ce soir : on peut jouer à tout, même à être un homme, sans avoir l'air fou. Ou alors on peut décider de devenir un homme et cela ne mérite aucun jugement. En ce qui me concerne, peut-être pour la première fois, je suis contente comme ça, avec ma partie féminine et ma partie masculine. Pour la première fois, je m'endors sans espérer me réveiller dans la peau d'un homme et... j'ai deux petites silhouettes dans les pupilles. La femme de chez le vétérinaire a laissé une trace : début de la phase de la chenille qui veut devenir un papillon.

26. JE VAIS BIEN, J'AI UN CHIEN ET UNE GRAND-MÈRE

« Comment vas-tu, Agathe ? »

« Je vais bien. J'ai un chien maintenant, j'ai retrouvé ma grand-mère et écouté une très belle histoire d'amour. Et j'ai écrit ça », j'explique à la psy, lors de la séance suivante, sans faire de pause, en lui montrant le cahier et en lui racontant dans les détails ce qui s'est passé dernièrement.

« Je suis contente, Agathe, bienvenue parmi les femmes. Peut-être que ça ne change pas grand-chose, peut-être que ça change tout. Tu peux aimer qui tu veux, tu l'as compris. »

Elle sourit.

« Je me sens encore très mal à l'aise en pensant qu'une femme me plaît. »

« Encore une fois, ce n'est qu'une question de sensations. Certains disent que l'on tombe amoureux de l'âme d'une personne, et non pas de son corps. Certains disent être attirés par les hommes, d'autres par les femmes. Chacun détient sa propre vérité : l'important, c'est de la respecter. Et il n'y a rien à y faire. Et c'est là que la différence prend forme : c'est là que le sexe de la personne en question n'a plus d'importance. Et puis, il y a ceux qui ont peur de vivre, mais ça, Agathe, c'est une autre histoire. C'est toute une autre question. Moi, j'ai mis quelques années de plus que toi, mais plus on avance, plus on a envie d'être soi-même. Bien entendu, je parle de ceux qui ont le courage de rire et d'aller bien, et pas seulement celui de pleurer. »

Elle me fait un clin d'œil et je lui souris.

« Je peux vous poser une question ? Vous avez mis quelques années de plus que moi à faire quoi ? »

« À admettre qu'il n'y avait pas de problème. La femme avec laquelle tu m'as vue au restaurant la première fois qu'on s'est vues, c'est ma femme. Pas aux yeux de la loi, mais aux nôtres. On s'est mariées sur la rive d'un lac... il y a cinq ans. »

Je me sens gênée tout à coup. Elle a toujours su que c'était moi au restaurant, accompagnée de mes parents. Mais le fait que nous n'en ayons plus parlé ne semble pas la déranger. C'est bien comme ça. Je lui parle de mes nouvelles « grands-mères » et je lui dis que ça me semble absurde d'avoir rencontré autant de personnes comme moi.

« Agathe, je suis fière de toi. Que penses-tu faire pour la fac ? »

« Je me diplôme en juillet, avec Sofia et Mattia. Et Alessandra... m'a demandé pardon. Désormais, on se voit de temps en temps. En fait, je crois que toute cette histoire de vétérinaire, c'était parce que je n'osais pas adopter de chien et que je n'arrivais pas à changer des parties de moi ; du coup, il fallait que je change quelque chose dans ma vie. Je préparerai un mémoire avec le prof Colombo sur le parcours de l'acceptation de soi. À la remise des diplômes, j'ai aussi invité mes grands-mères et en septembre, j'irai vivre en France, chez elles. Je chercherai du travail là-bas. J'aime mes parents, mais c'est là-bas que je veux vivre. »

« J'ai l'impression que tout s'est arrangé. Et à propos... avec tes parents ? »

« Justine m'a offert sa broche en forme de lunettes. Elle est comme la mienne, celle que m'a donnée ma mère quand j'étais petite. Je l'ai donnée à ma mère, en lui expliquant, qu'elle aussi, elle n'est pas comme les autres, elle est spéciale, pour moi et je suis heureuse d'avoir grandi auprès d'elle et de Gabriele. Je ne leur ai pas encore dit pour moi, je ne suis pas prête. J'attendrai d'avoir la silhouette de quelqu'un dans les pupilles. »

« C'est-à-dire ? »

« C'est une longue histoire. En gros, Justine m'a expliqué que quand on est amoureux et qu'on aime en même temps, on trouve le courage de tout faire. »

« C'est vrai. L'important, c'est d'accepter et d'aimer nos sentiments. C'est là que la vie peut s'améliorer en l'espace de quelques secondes. Je te conseille de continuer à oser et de continuer à écrire sur le cahier ce que tu oses faire. Si l'envie de devenir un homme te revient, écris, écris et écris encore et puis, montre-moi tout. On cherchera des solutions au cours des séances qu'il nous reste. Mais je pense que tu as fait beaucoup de progrès, en peu de temps. Tu avais sans doute seulement besoin d'entendre des réponses à certaines de tes questions. Tu as eu encore des crises de panique ? »

« Je ne croyais pas qu'il s'agissait de cela, mais je l'avoue maintenant. Oui, j'en ai eu, mais je ne me suis pas évanouie, j'ai décidé de vivre toutes mes émotions. »

« Tu as raison. Et pour quel motif tu crois avoir ces crises ? »

« C'est surtout quand je ne veux pas faire quelque chose, mais je me sens obligée à le faire, même si ce n'est pas le cas. »

« Exactement. Je te déclare guérie des crises de panique. Quand on comprend pourquoi elles surviennent, elles vont s'affaiblir au fur et à mesure. On terminera les séances en discutant de ce que tu voudras. »

120 secondes de pur bonheur !

CONCLUSIONS - LAURE

Septembre. Je me suis diplômée avec mention, sans vraiment m'y attendre. Le prof Colombo a été contente de mes progrès, de ma participation aux séances et aux cours et de mon mémoire. Je suis vraiment contente de moi, pour une fois dans ma vie. Et j'ai opté pour un magnifique tailleur pantalon, très élégant, dans lequel je me sentais très à l'aise et que je considérais absolument un détail par rapport à la joie de ce moment. Sur ma veste, bien visible, ma broche en forme de lunettes.

Mattia et Sofia se sont mis ensemble, de façon inattendue, sans besoin d'explications en matière d'orientation sexuelle qui n'est pas forcement figée à vie. Ils sont heureux et on est tous les trois amis, un trio inséparable.

Je suis en France depuis quelques jours, nouvelle vie, sans pour autant oublier mon passé, qui sont mes vrais parents et amis. J'ai pris Arthur avec moi et Justine a déménagé avec nous. Nous vivons tous chez Emma et je m'y sens très bien. Dans quelques jours, je commencerai à travailler pour une association de soutien psychologique aux enfants, j'ai réussi à récupérer et à réaliser mon premier rêve.

Aujourd'hui, j'ai amené Arthur au petit parc et la silhouette qui a été dans mes pupilles pendant tous ces mois, sans ne plus pouvoir en sortir, se trouvait devant moi. J'ignore comment elle a fait pour entrer dans mes yeux en un seul regard, mais, quitte à m'évanouir, il faut que je le fasse :

« Vous voulez sortir avec moi ? »

« C'est exactement ce que j'allais vous demander. Ce soir, à 20 heures ? »

« D'accord, je passerai vous chercher. Je m'appelle Agathe. »

« Enchantée. Moi, c'est Laure. »

Merci à :

Mom et Papio, qui soutiennent toujours mes rêves et qui m'aiment comme je n'osais pas l'imaginer

Nutty, pour être Nutty

Cristina, pour les enseignements et conseils littéraires et pour son évidente amitié

Mes amies Séverine, simplement d'être dans ma vie et Serena, pour les rires infinis

Isabelle et Daniele, mes amis de la fac et d'écriture

Ma tante, mon oncle et Ginetta, une importante partie de ma famille

Andrea et Giorgio, source infinie d'enthousiasme et de questions magnifiques

Mon filleul Matthias et sa famille parisienne, pour les aventures et les rires communs

Mes amis, Anna, Valentina, Ethel, Luca, Fede, Luisa, Sandra, Roberto, Robu, pour avoir partagé avec moi l'incroyable vie milanaise, avec ses rêves, ses déceptions, et pour toutes nos belles discussions

Gabriella, ma chandelle dans les moments sombres (et pas que !)

Les enfants des crèches et que j'ai gardés

Walter, excellent prof. d'écriture

L'amour et ses protagonistes, que j'ai croisés durant mes trente premières années, la source principale de ma plume